히라가나 가타카나 쓰기노트

히라가나 청음 あ행

'청음'은 맑은 소리라는 뜻으로, 탁점이나 반탁점이 없이 오십음도의 발음 그대로 읽히는 글자를 말합니다. 「あ행」은 일본어의 기본 모음이며, 한국어의 '아·이·우·에·오' 발음과 비슷합니다. 단, 「う」발음에 주의하세요. '우'와 '으'의 중간 발음으로 입술에 힘을 빼고 '으'에 가깝게 소리냅니다.

히라가나 청음 か행

「か행」은 한국어의 'ㄱ'과 'ㅋ'의 중간 발음이지만, 단어의 첫 글자로 나올 때는 'ㅋ'에 가깝게, 단어 중간이나 끝에 올 때는 'ㄲ'로 읽는 것이 일본어 발음에 가깝습니다.

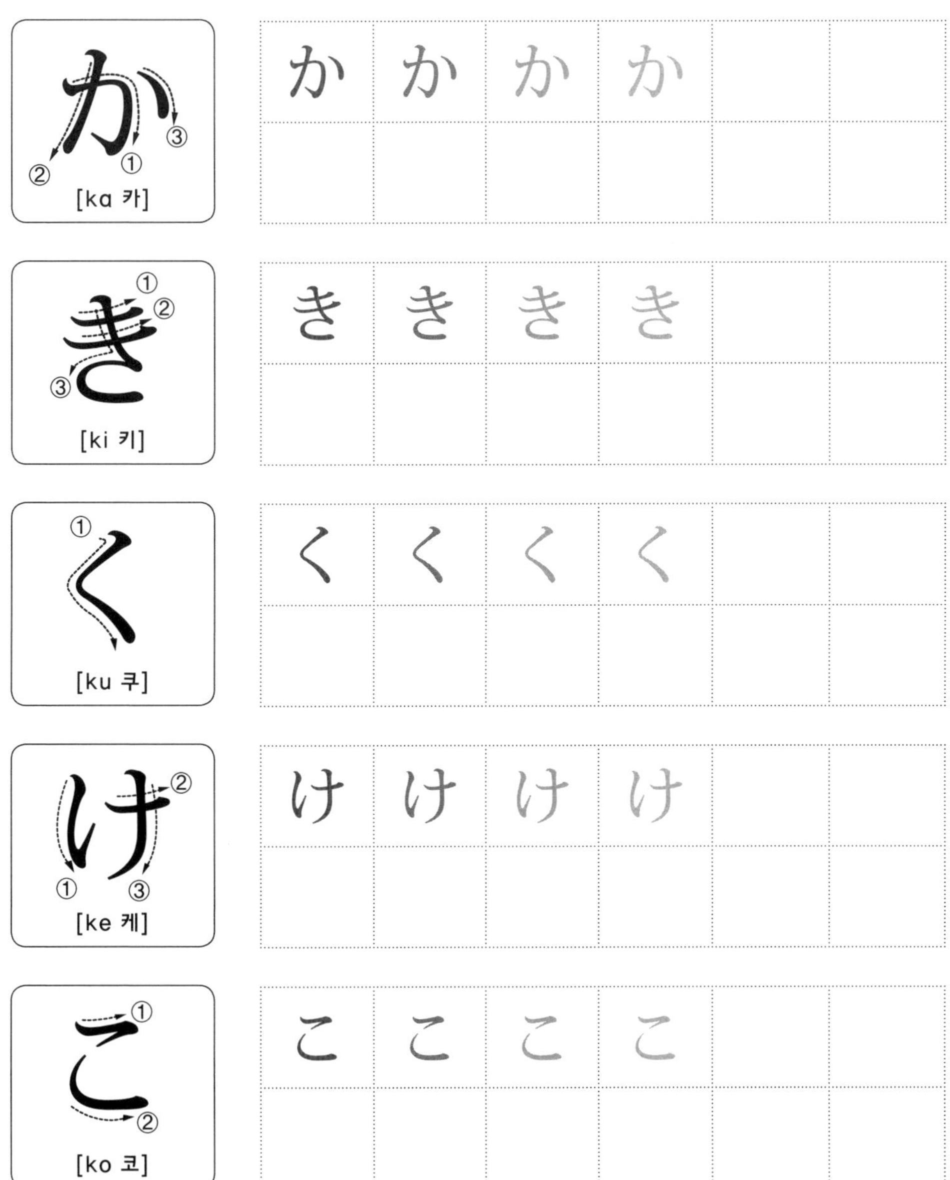

히라가나 청음 さ행

「さ행」은 한국어의 '사 · 시 · 스 · 세 · 소' 발음과 비슷합니다. 단 「す」 발음에 주의하세요. '스'와 '수'의 중간 발음으로 입모양을 튀어나오게 하지 말고 소리내보세요.

히라가나 청음 た행

「た행」은 '타·티·투·테·토'가 아닙니다. 헷갈리지 마세요. 「ち」와 「つ」는 우리말의 '치', '츠' 에 가깝고요, 「た·て·と」는 단어 첫글자에서는 'ㅌ'에 가깝고, 단어 중간이나 끝에 있으면 'ㄸ'에 가깝게 발음합니다.

히라가나 청음 な행

「**な**행」은 한국어의 '나·니·누·네·노' 발음과 비슷합니다. 단 「**ぬ**」발음에 주의하세요. '누'와' '느'의 중간 발음으로 입모양을 튀어나오게 하지 말고 '누'라고 소리냅니다.

히라가나 청음 は행

「は행」은 한국어의 '하·히·후·헤·호' 발음과 비슷합니다. 「ひ」는 입술을 옆으로 당겨 발음하고, 「ふ」를 발음할 때는 입술을 너무 둥글리지 말고 약간 평평한 상태에서 소리내야 합니다.

は [ha 하]	は	は	は	は	
ひ [hi 히]	ひ	ひ	ひ	ひ	
ふ [hu 후]	ふ	ふ	ふ	ふ	
へ [he 헤]	へ	へ	へ	へ	
ほ [ho 호]	ほ	ほ	ほ	ほ	

히라가나 청음 ま행

「ま행」은 한국어의 '마 · 미 · 무 · 메 · 모' 발음과 비슷합니다. 「む」는 한국어의 '무'라고 발음하기 보다는 '무'와 '므'의 중간발음이라고 생각하면서 소리내도록 해보세요.

히라가나 청음 や행

「や행」은 한국어의 '야 · 유 · 요' 발음과 비슷합니다.

[ya 야]

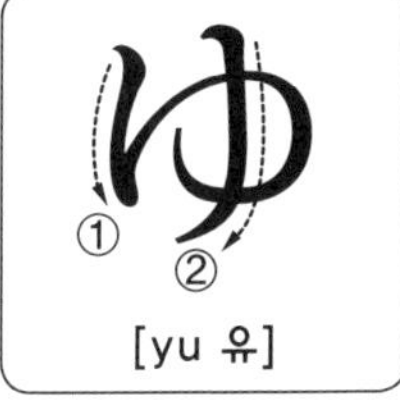

[yu 유]

[yo 요]

히라가나 청음 ら행

「ら행」은 한국어의 '라·리·루·레·로' 발음과 비슷합니다. 「る」와 「ろ」는 헷갈리기 쉬우니까 정확히 익히세요. 일본어 동사에는 「る」로 끝나는 단어들이 많답니다.

ら [ra 라]	ら	ら	ら	ら		
り [ri 리]	り	り	り	り		
る [ru 루]	る	る	る	る		
れ [re 레]	れ	れ	れ	れ		
ろ [ro 로]	ろ	ろ	ろ	ろ		

히라가나 청음 わ행・ん

발음은 한국어의 '와 : 오'와 비슷합니다. 「を」는 조사로만 쓰이며, 「あ」행의 「お」와 발음이 같습니다.

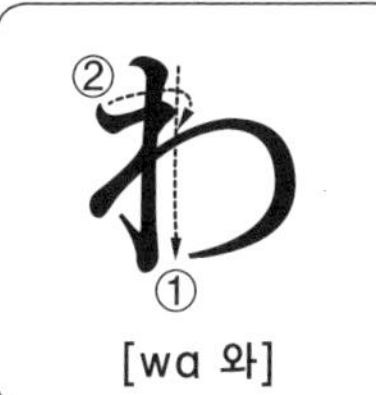

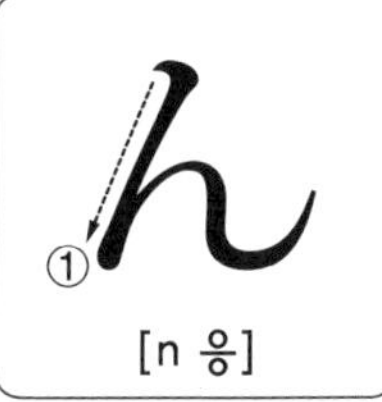

히라가나 탁음 が행

'탁음'은 글자의 오른쪽 위에 탁점(˝)이 붙은 것입니다. 탁음은 「か」「さ」「た」「は」 행에서만 나타납니다. 탁음의 「が행」은 한국어의 '가·기·구·게·고', 영어의 「g」발음과 비슷합니다.

히라가나 탁음 ざ행

탁음의 「ざ행」은 영어의 「z」 발음으로 한국인들에게는 조금 어려운 발음입니다. 「ず」는 영어로는 발음을 「zu」로 표기하지만, '주'가 아니라 '즈'로 발음해야 합니다.

히라가나 탁음 だ행

탁음의 「だ행」은 「だ · で · ど」는 영어의 「d」발음이며, 「ぢ · づ」는 「じ · ず」와 발음이 같습니다.

だ [da 다]	だ だ だ だ				
ぢ [zi 지]	ぢ ぢ ぢ ぢ				
づ [zu 즈]	づ づ づ づ				
で [de 데]	で で で で				
ど [do 도]	ど ど ど ど				

히라가나 탁음 ば행

탁음의 「**ば**행」은 한국어의 '바 · 비 · 부 · 베 · 보'와 비슷한 발음이지만, 영어의 「**b**」와 같이 목의 성대를 울려서 내는 발음입니다.

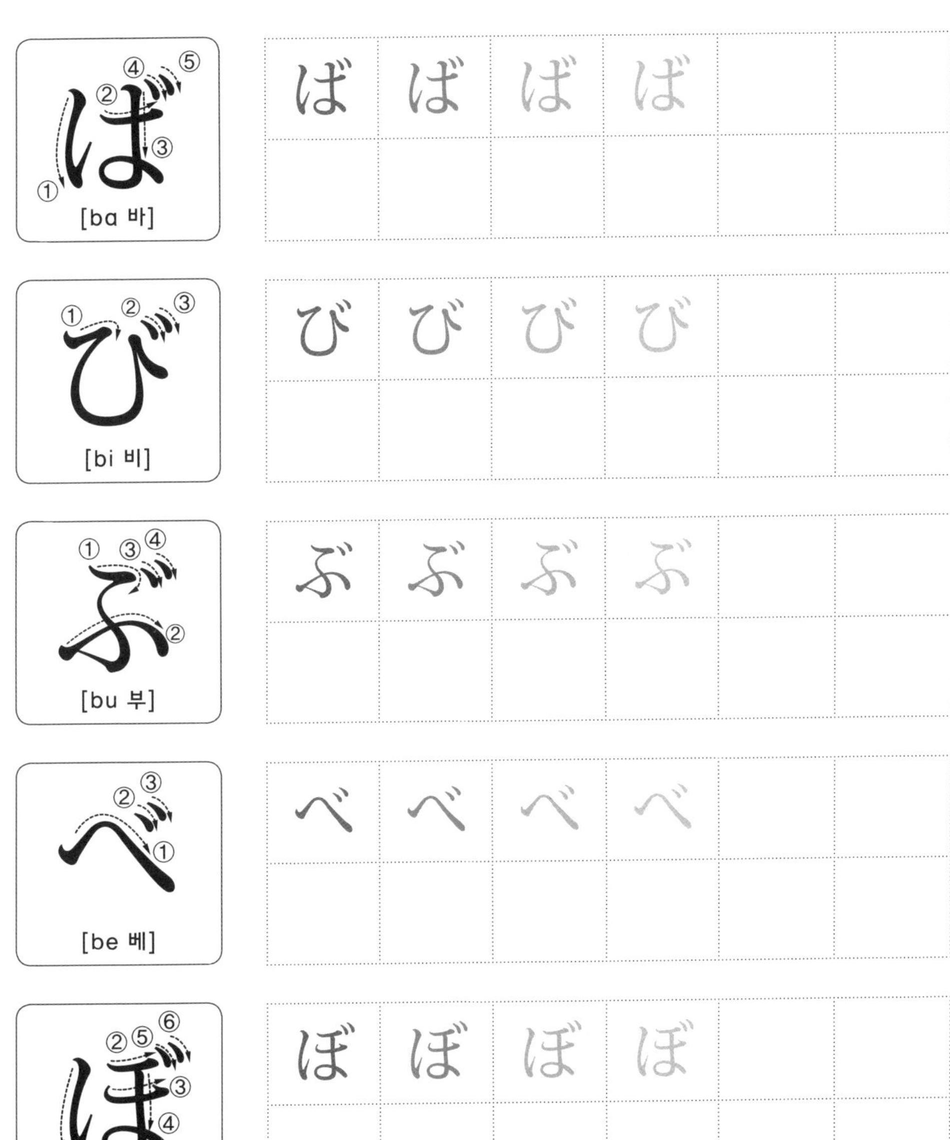

히라가나 반탁음 ぱ행

'반탁음'은 글자의 오른쪽 위에 반탁점(ﾟ)이 붙은 것입니다. 반탁음은 「は」행에서만 나타납니다.
영어의 「p」발음과 비슷합니다. 한국어의 '파·피·푸·페·포'와 '빠·삐·뿌·뻬·뽀'의 중간음
정도입니다.

혼동하기 쉬운 글자

모양이 비슷하여 혼동하기 쉬운 글자에 주의하여야 합니다. 한 글자 때문에 단어의 의미가 바뀌거나 일본어에 없는 말이 될 수 있으니 주의합시다.

| あ | あ | あ | あ |
| お | お | お | お |

| い | い | い | い |
| り | り | り | り |

| き | き | き | き |
| さ | さ | さ | さ |

| ち | ち | ち | ち |
| ら | ら | ら | ら |

| は | は | は | は |
| ほ | ほ | ほ | ほ |

| ぬ | ぬ | ぬ | ぬ |
| め | め | め | め |

| る | る | る | る |
| ろ | ろ | ろ | ろ |

ね	ね	ね	ね
れ	れ	れ	れ
わ	わ	わ	わ

가타카나 청음 ア행

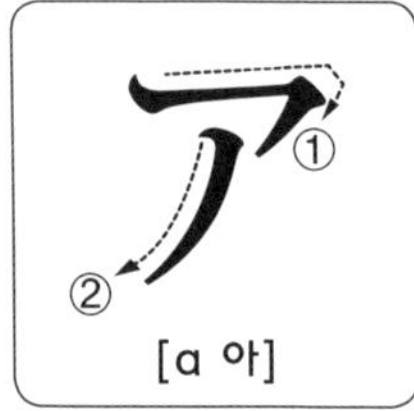

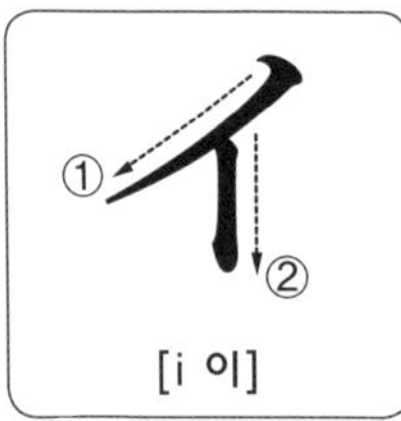

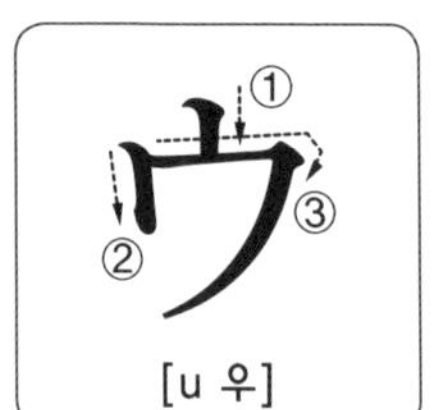

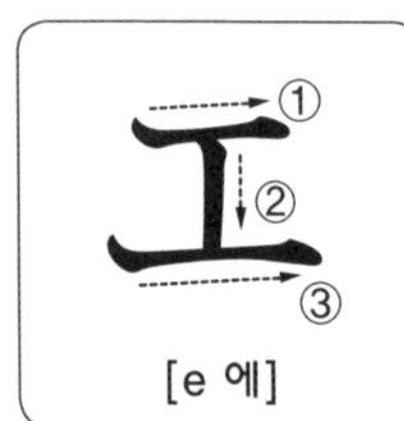

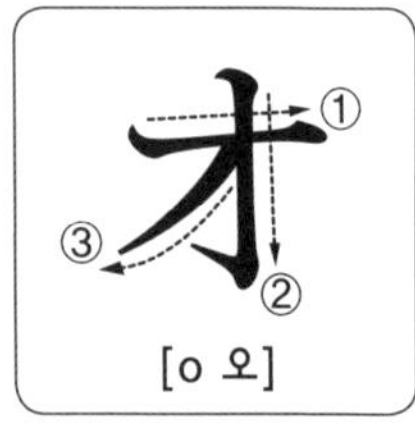

가타카나 청음 カ행

カ カ カ カ

[ka 카]

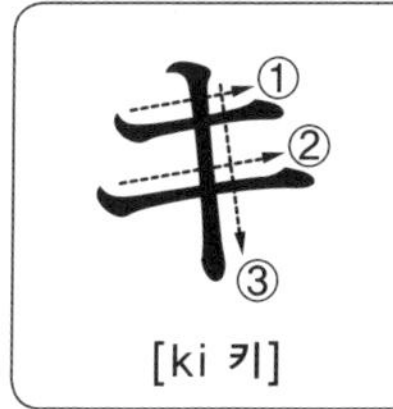

キ キ キ キ

[ki 키]

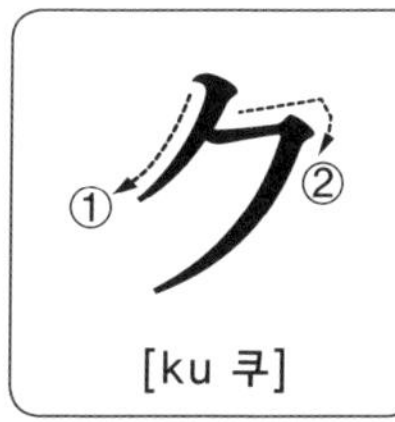

ク ク ク ク

[ku 쿠]

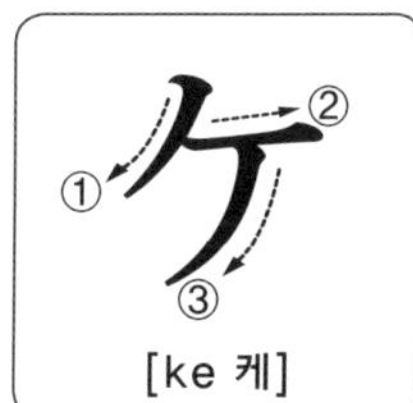

ケ ケ ケ ケ

[ke 케]

コ コ コ コ コ

[ko 코]

가타카나 청음 サ행

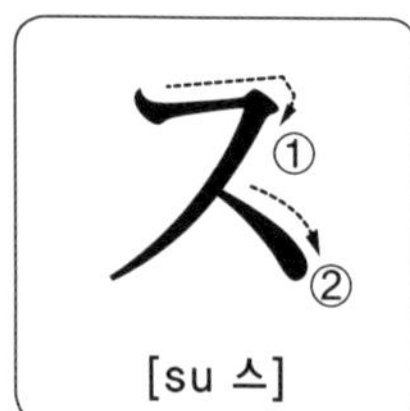

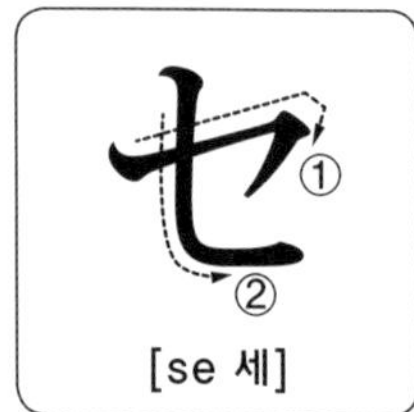

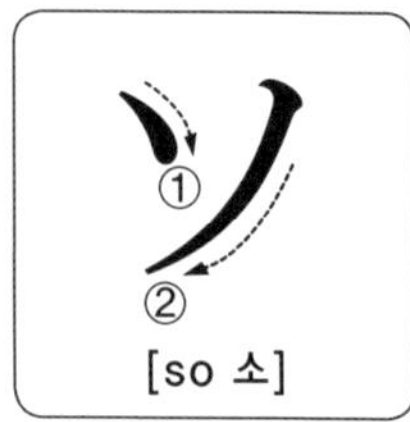

가타카나 청음 夕행

タ　タ　タ　タ

[ta 타]

チ　チ　チ　チ

[chi 치]

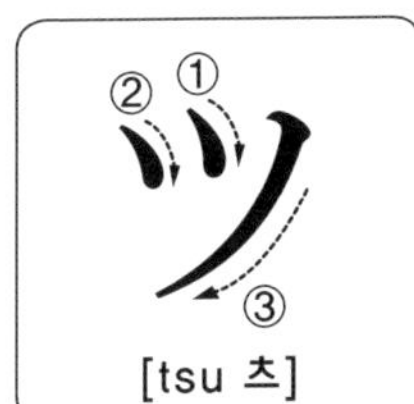

ツ　ツ　ツ　ツ

[tsu 츠]

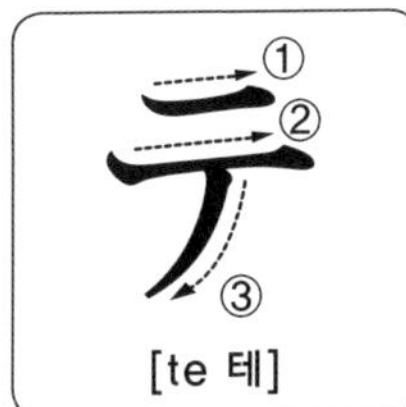

テ　テ　テ　テ

[te 테]

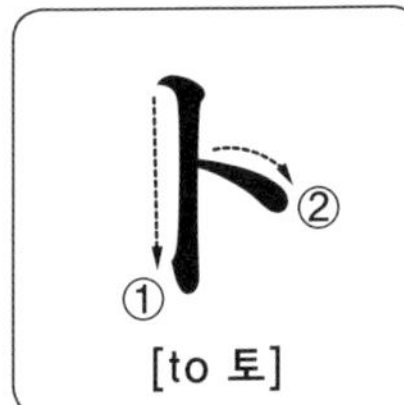

ト　ト　ト　ト

[to 토]

가타카나 청음 ナ행

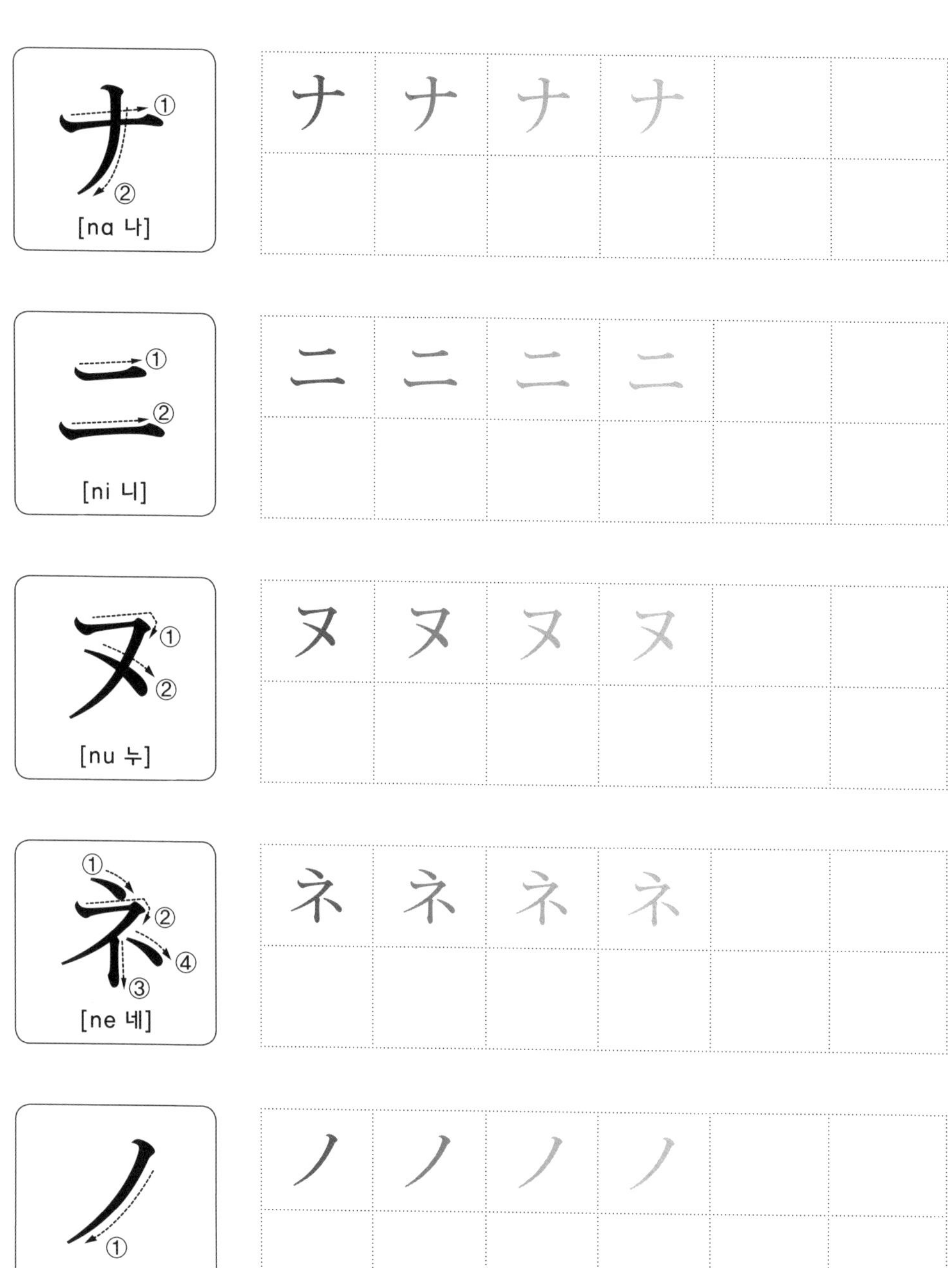

가타카나 청음 ハ행

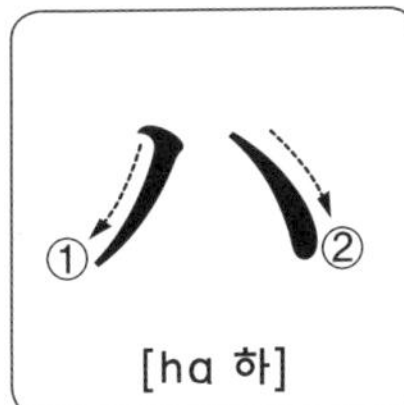

[ha 하]

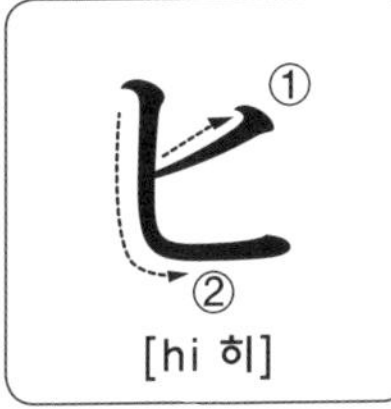

[hi 히]

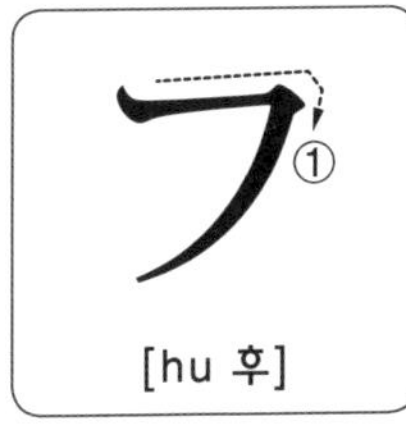

[hu 후]

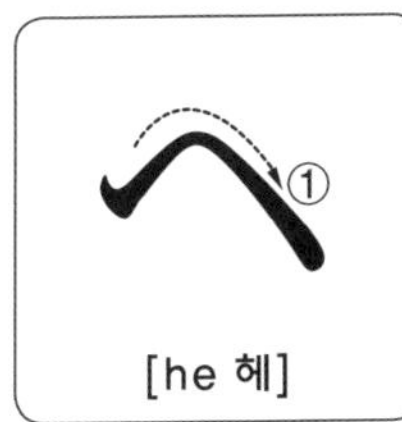

[he 헤]

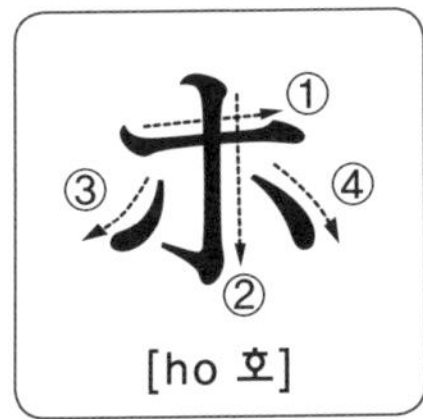

[ho 호]

가타카나 청음 マ행

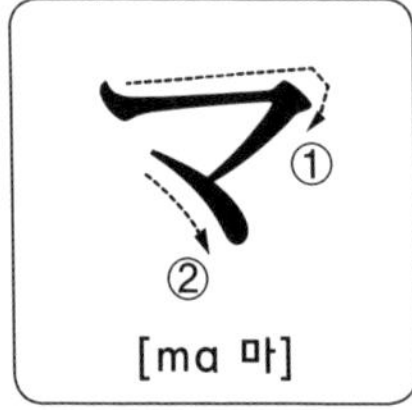

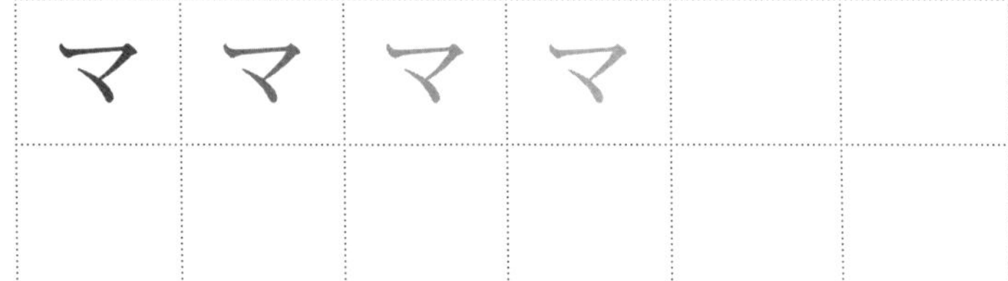

[ma 마]

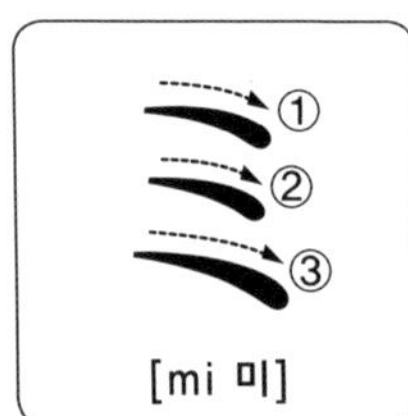

[mi 미]

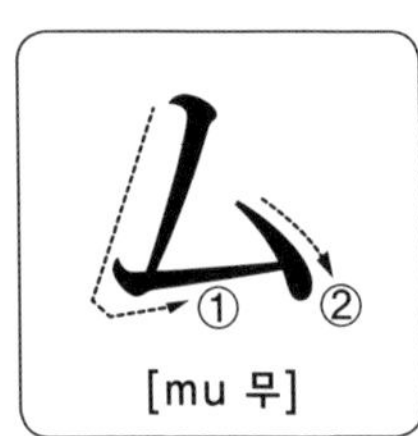

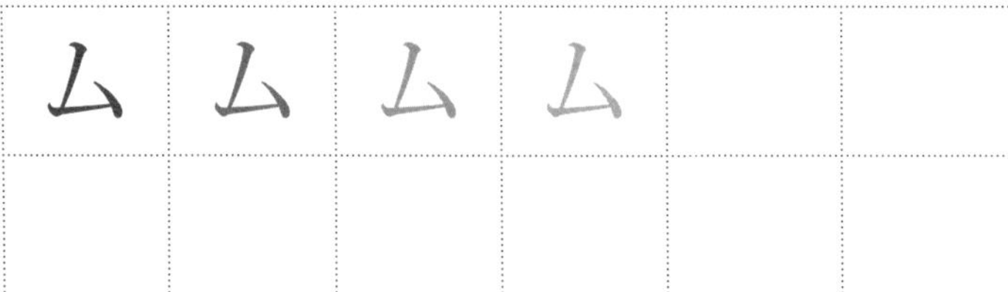

[mu 무]

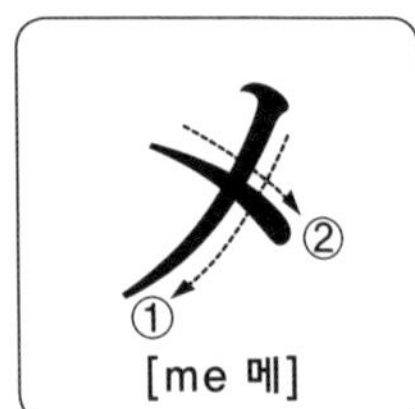

[me 메]

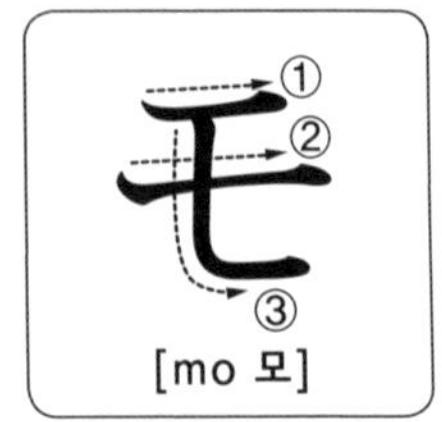

[mo 모]

가타카나 청음 ヤ행

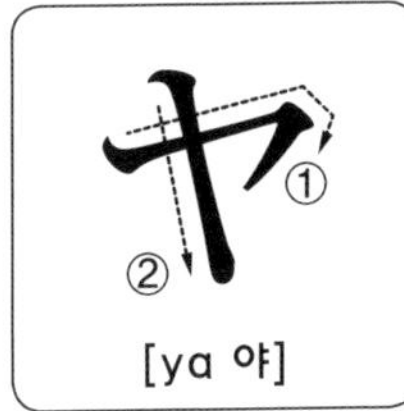

[ya 야]

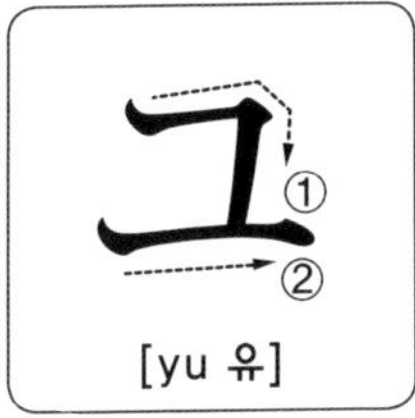

[yu 유]

가타카나의 「ユ」는 「ﾆ」와 헷갈리기 쉬우니까 주의해서 외우세요.

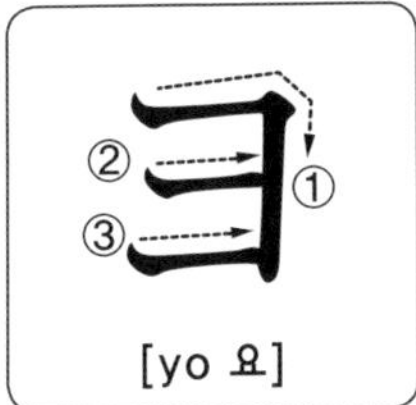

[yo 요]

가타카나 청음 ラ행

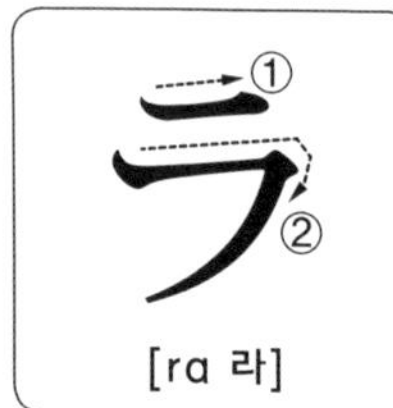

[ra 라]

ラ ラ ラ ラ

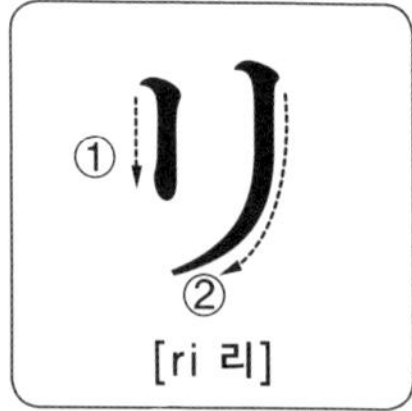

[ri 리]

リ リ リ リ

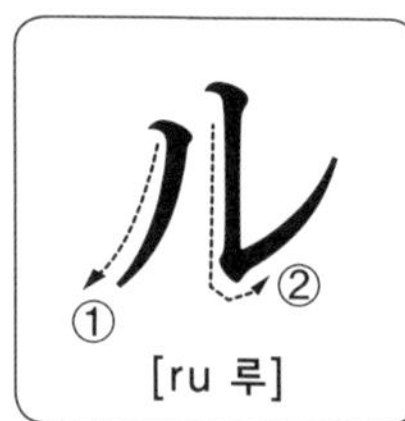

[ru 루]

ル ル ル ル

[re 레]

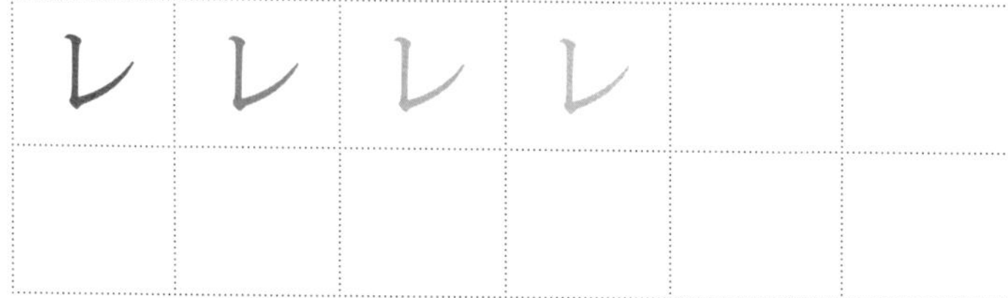

レ レ レ レ

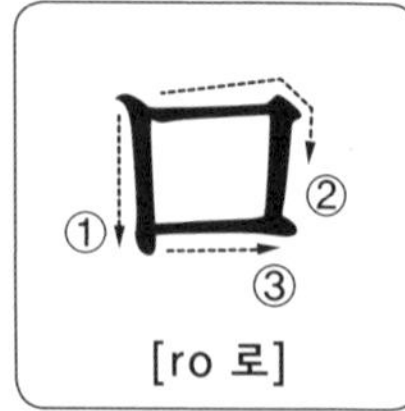

[ro 로]

ロ ロ ロ ロ

가타카나 청음 ワ행 · ン

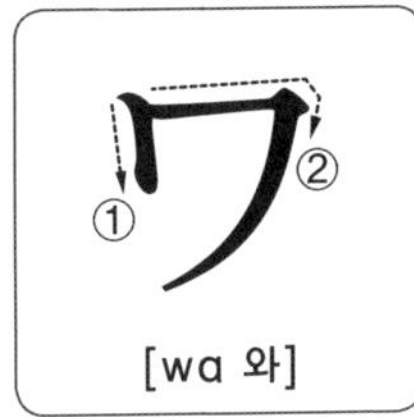

[wa 와]

ワ ワ ワ ワ

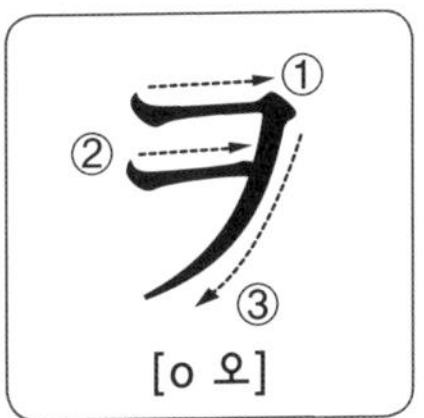

[o 오]

ヲ ヲ ヲ ヲ

가타카나의 「ヲ」는 거의 쓰이는 일이 없고, 발음이 같은 「オ」가 주로 쓰입니다.

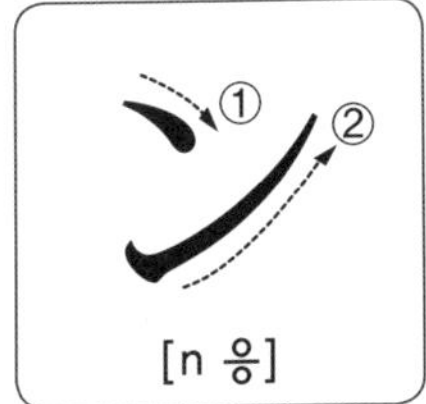

[n 응]

ン ン ン ン

가타카나 탁음 ガ행

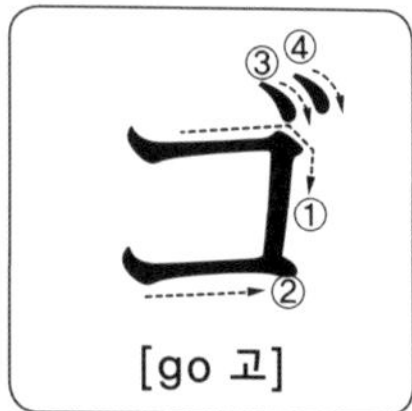

가타카나 탁음 ザ행

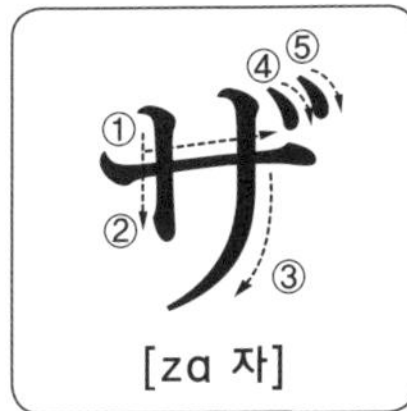

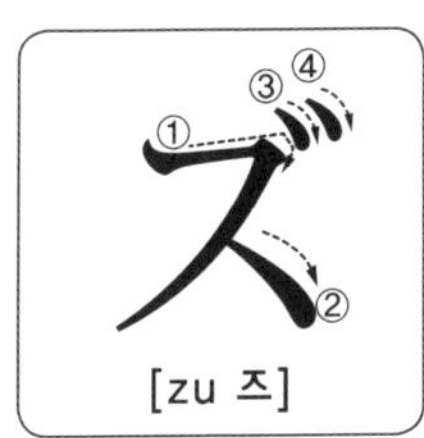

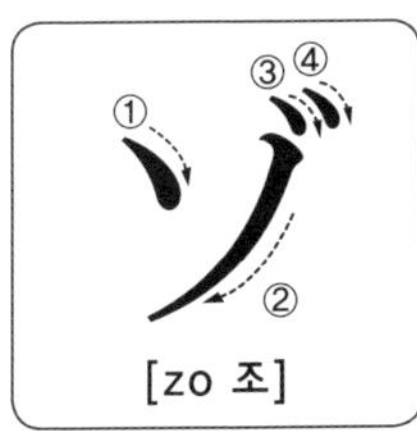

가타카나 탁음 ダ행

ダ | ダ | ダ | ダ | |

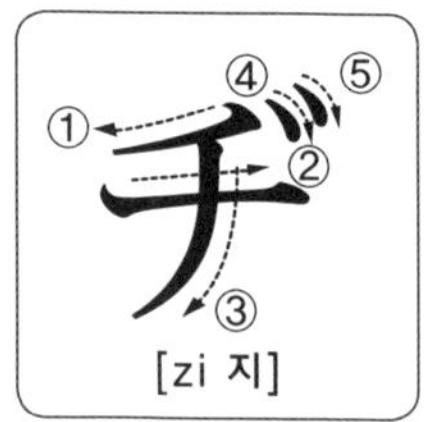

ヂ | ヂ | ヂ | ヂ | |

가타카나 「**ヂ・ヅ**」는 거의 쓰이는 일이 없고, 그 대신에 발음이 같은 「**ジ・ズ**」가 주로 쓰입니다.

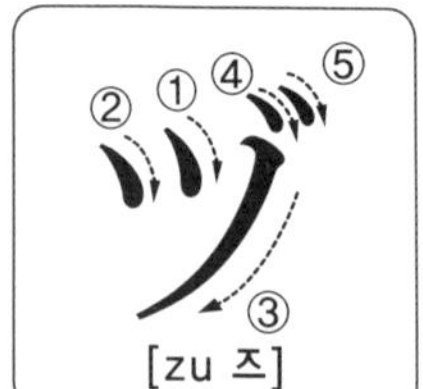

ヅ | ヅ | ヅ | ヅ | |

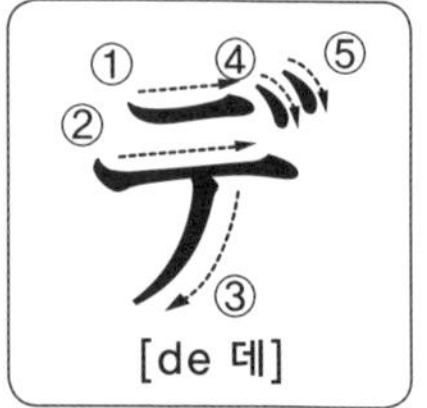

デ | デ | デ | デ | |

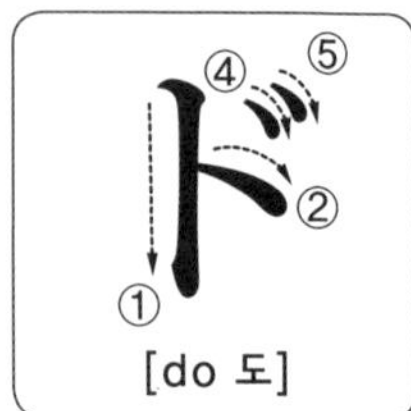

ド | ド | ド | ド | |

가타카나 탁음 バ행

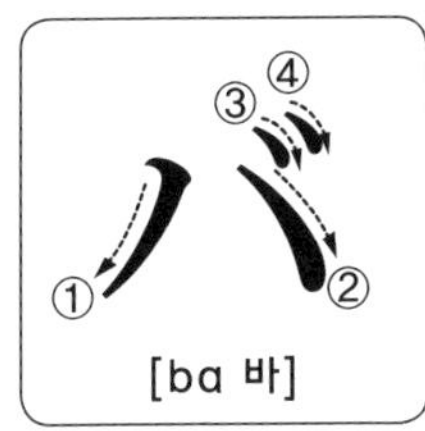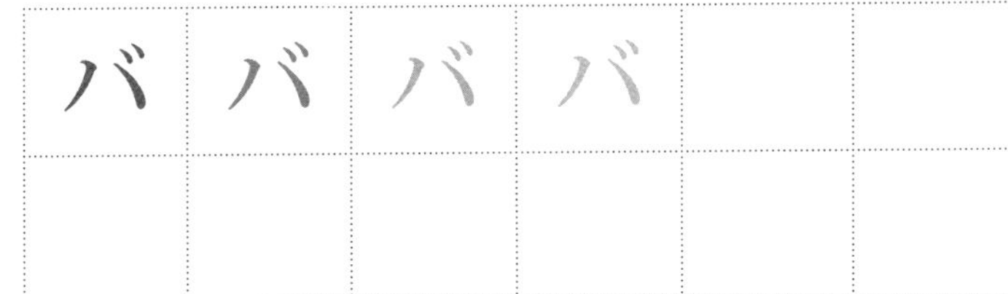

[ba 바]

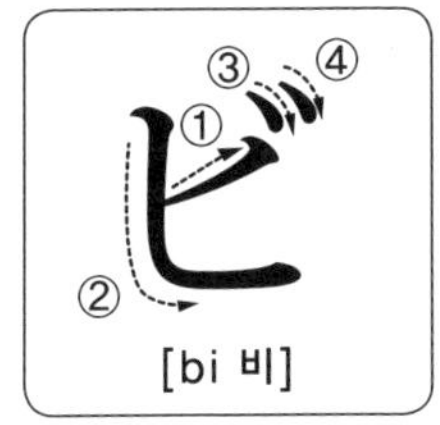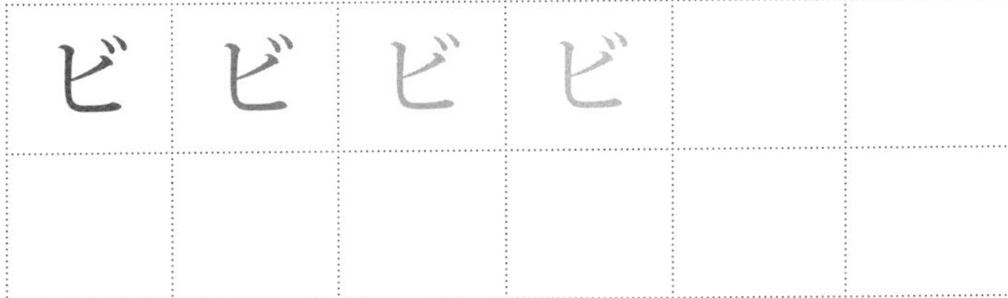

[bi 비]

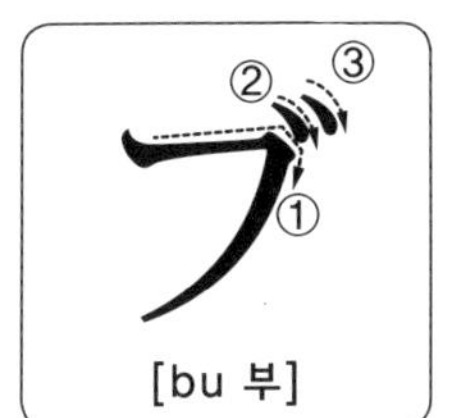

[bu 부]

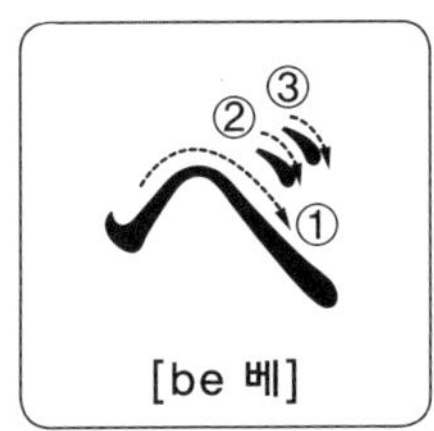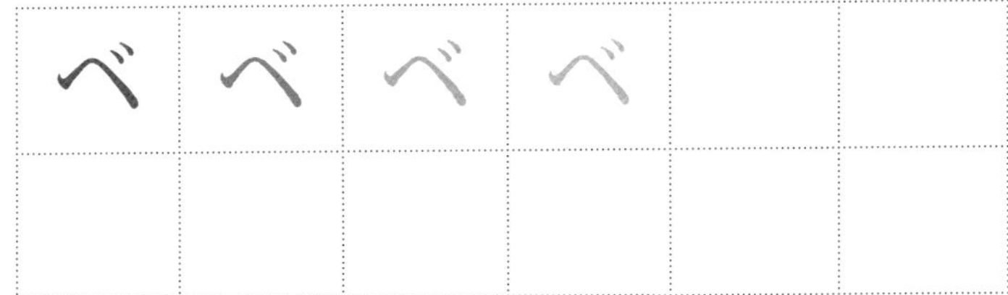

[be 베]

[bo 보]

가타카나 반탁음 パ행

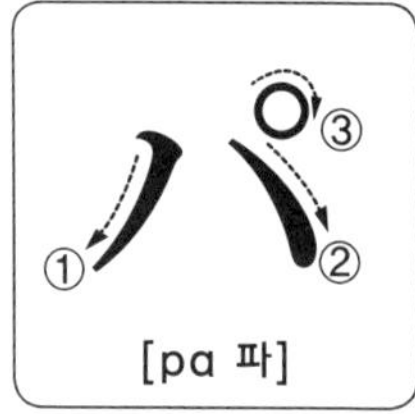

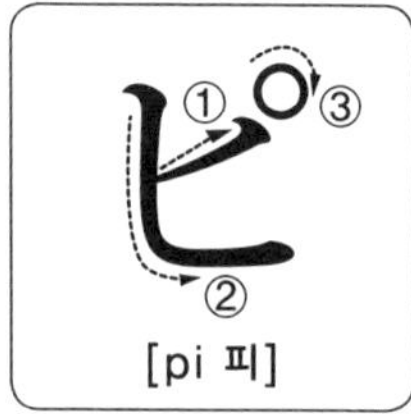

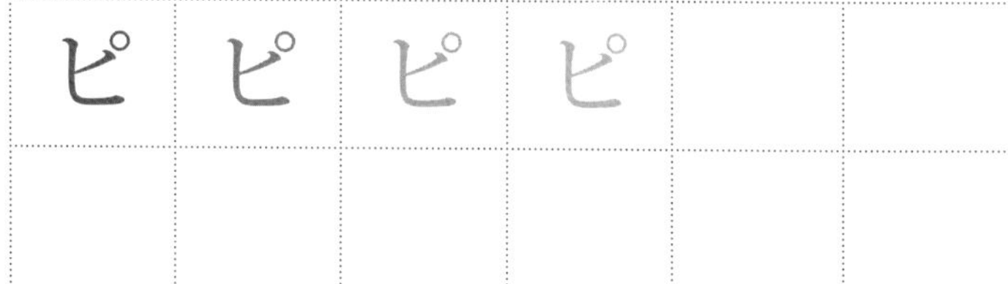

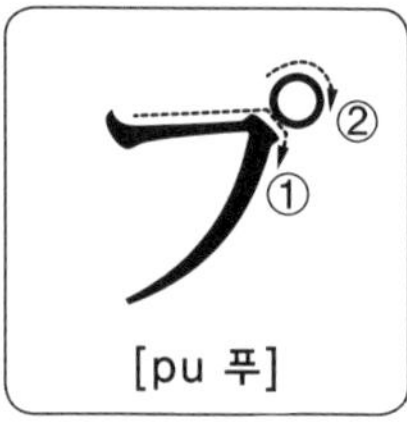

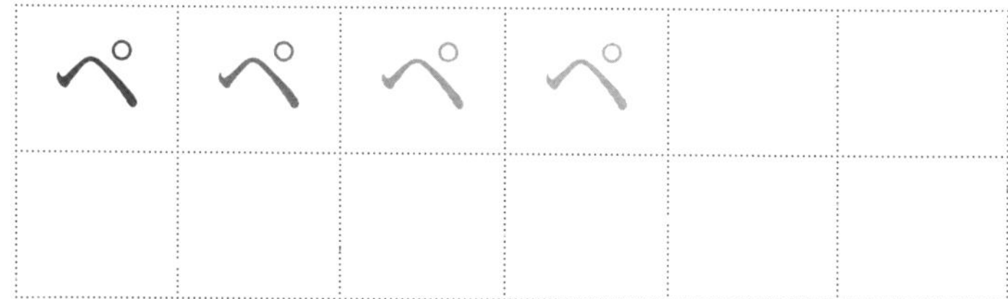

혼동하기 쉬운 글자

모양이 비슷하여 혼동하기 쉬운 글자에 주의하여야 합니다. 한 글자 때문에 단어의 의미가 바뀌거나 일본어에 없는 말이 될 수 있으니 주의합시다.

히라가나 요음

「き·ぎ·し·じ·ち·に·ひ·び·ぴ·み·り」 뒤에 반모음인 「や·ゆ·よ」를 작게 써서 한 글자처럼
한 박자로 발음되는 것을 요음이라고 합니다.

きゃ	きゅ	きょ
[kya 캬]	[kyu 큐]	[kyo 쿄]

きゃ	きゃ	きゅ	きゅ	きょ	きょ

ぎゃ	ぎゅ	ぎょ
[gya 갸]	[gyu 규]	[gyo 교]

ぎゃ	ぎゃ	ぎゅ	ぎゅ	ぎょ	ぎょ

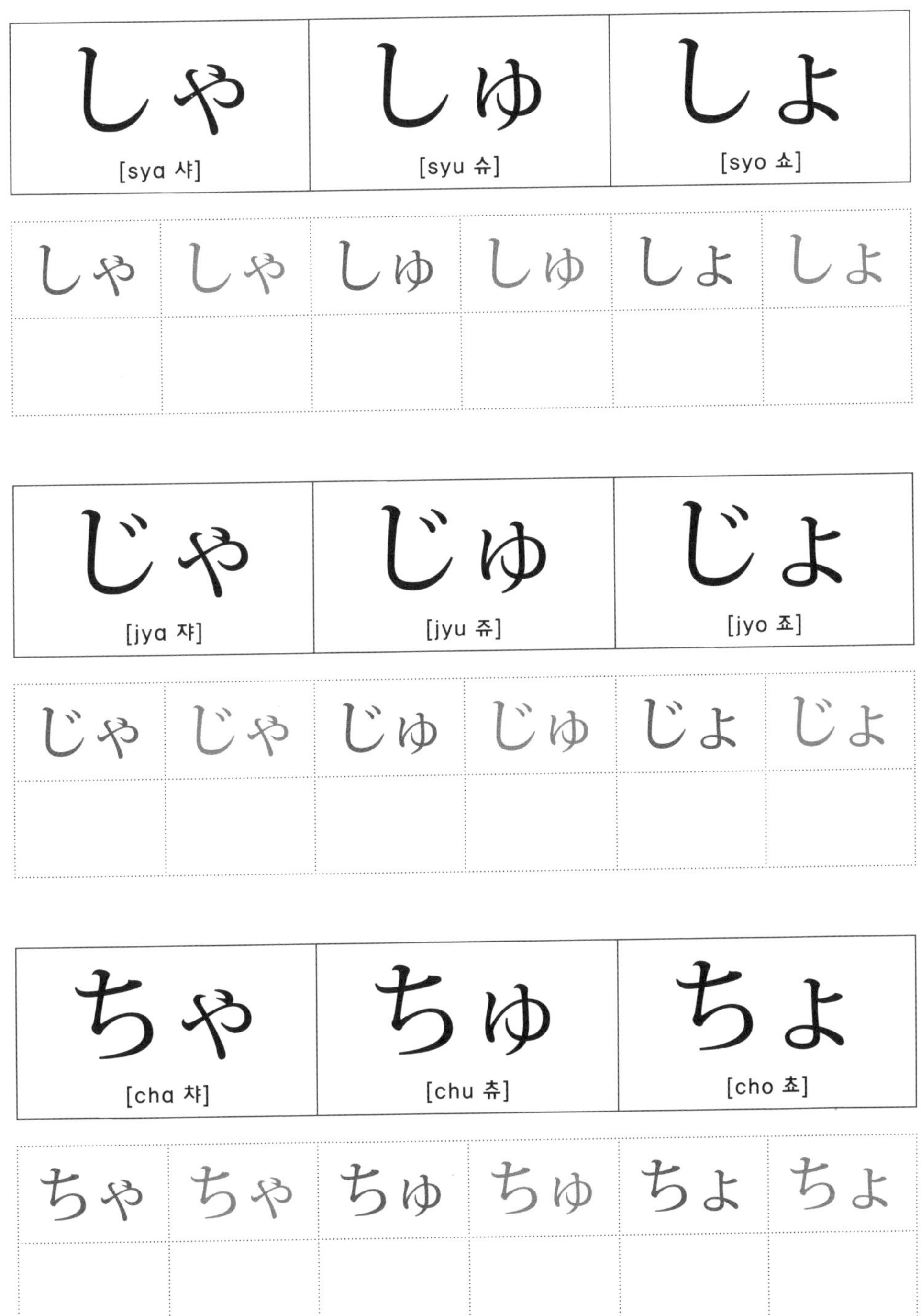

しゃ
[sya 샤]
しゅ
[syu 슈]
しょ
[syo 쇼]
しゃ しゃ しゅ しゅ しょ しょ
じゃ
[jya 쟈]
じゅ
[jyu 쥬]
じょ
[jyo 죠]
じゃ じゃ じゅ じゅ じょ じょ
ちゃ
[cha 챠]
ちゅ
[chu 츄]
ちょ
[cho 쵸]
ちゃ ちゃ ちゅ ちゅ ちょ ちょ

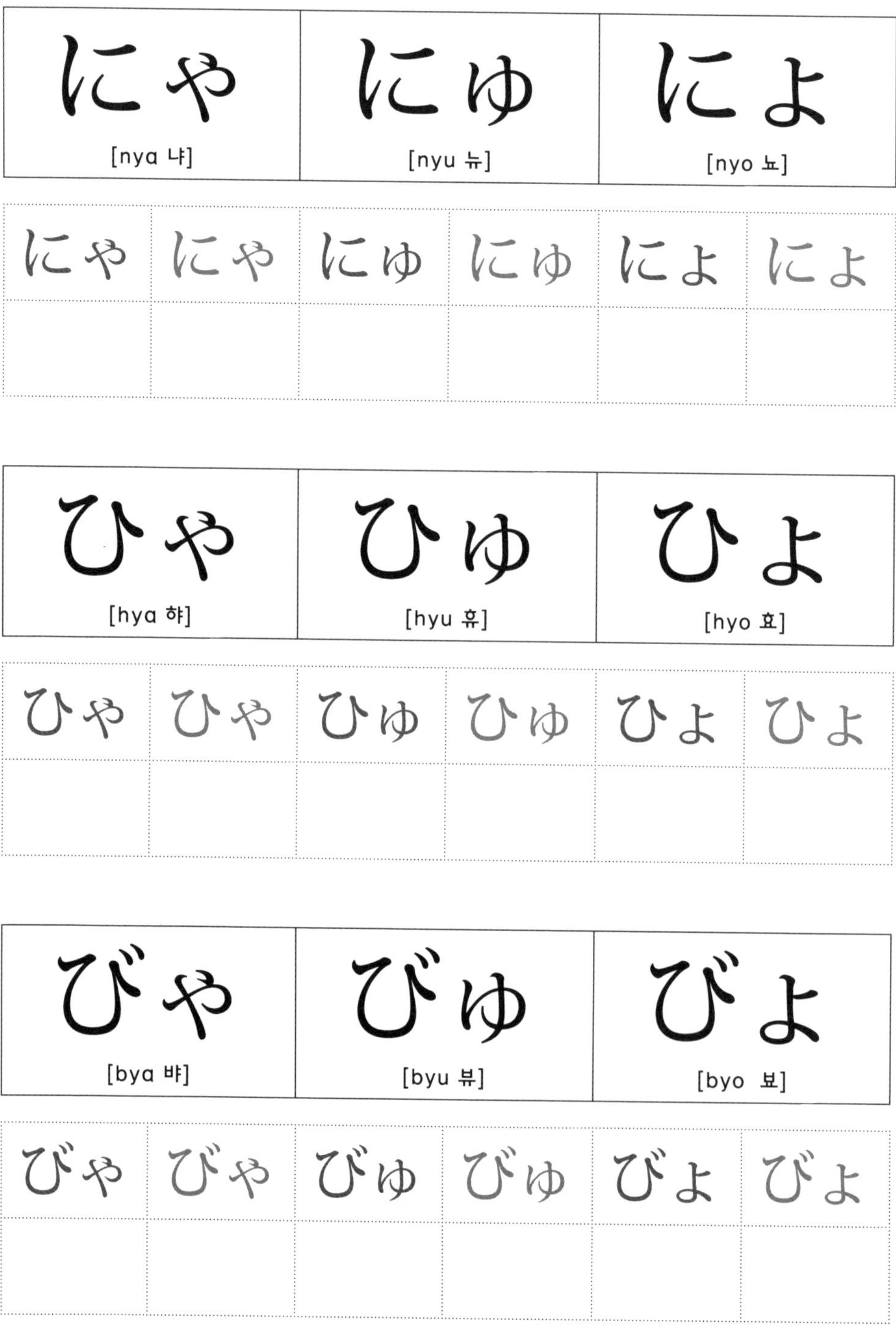にゃ
[nya 냐]
にゅ
[nyu 뉴]
にょ
[nyo 뇨]
ひゃ
[hya 햐]
ひゅ
[hyu 휴]
ひょ
[hyo 효]
びゃ
[bya 뱌]
びゅ
[byu 뷰]
びょ
[byo 뵤]

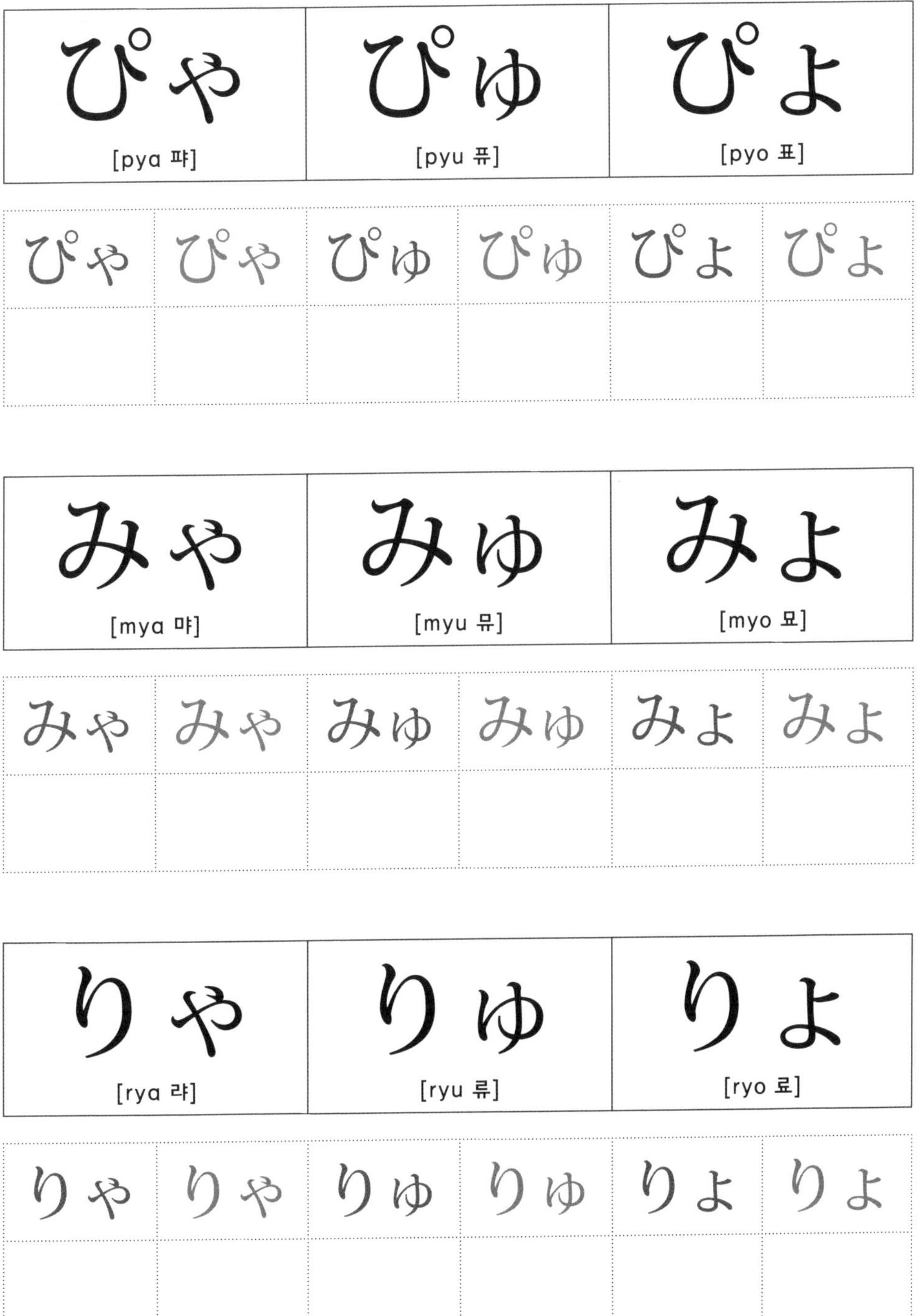

ぴゃ
[pya 퍄]
ぴゅ
[pyu 퓨]
ぴょ
[pyo 표]
みゃ
[mya 먀]
みゅ
[myu 뮤]
みょ
[myo 묘]
りゃ
[rya 랴]
りゅ
[ryu 류]
りょ
[ryo 료]

가타카나 요음

キャ	キュ	キョ
[kya 캬]	[kyu 큐]	[kyo 쿄]

キャ	キャ	キュ	キュ	キョ	キョ

ギャ	ギュ	ギョ
[gya 갸]	[gyu 규]	[gyo 교]

ギャ	ギャ	ギュ	ギュ	ギョ	ギョ

ニャ [nya 냐]
ニュ [nyu 뉴]
ニョ [nyo 뇨]
ヒャ [hya 햐]
ヒュ [hyu 휴]
ヒョ [hyo 효]
ビャ [bya 뱌]
ビュ [byu 뷰]
ビョ [byo 뵤]

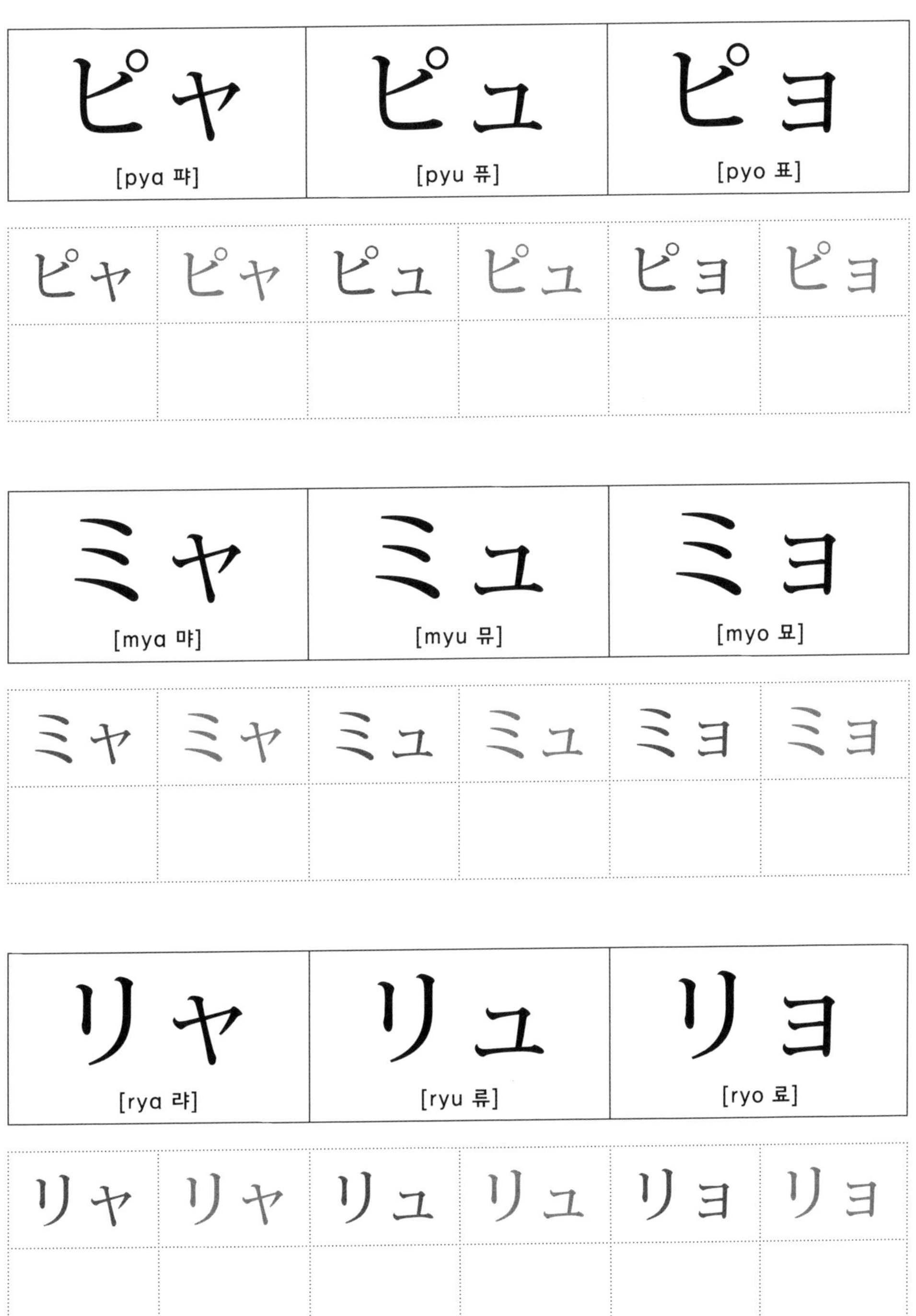

ピャ
[pya 퍄]
ピュ
[pyu 퓨]
ピョ
[pyo 표]
ピャ ピャ ピュ ピュ ピョ ピョ
ミャ
[mya 먀]
ミュ
[myu 뮤]
ミョ
[myo 묘]
ミャ ミャ ミュ ミュ ミョ ミョ
リャ
[rya 랴]
リュ
[ryu 류]
リョ
[ryo 료]
リャ リャ リュ リュ リョ リョ

Note

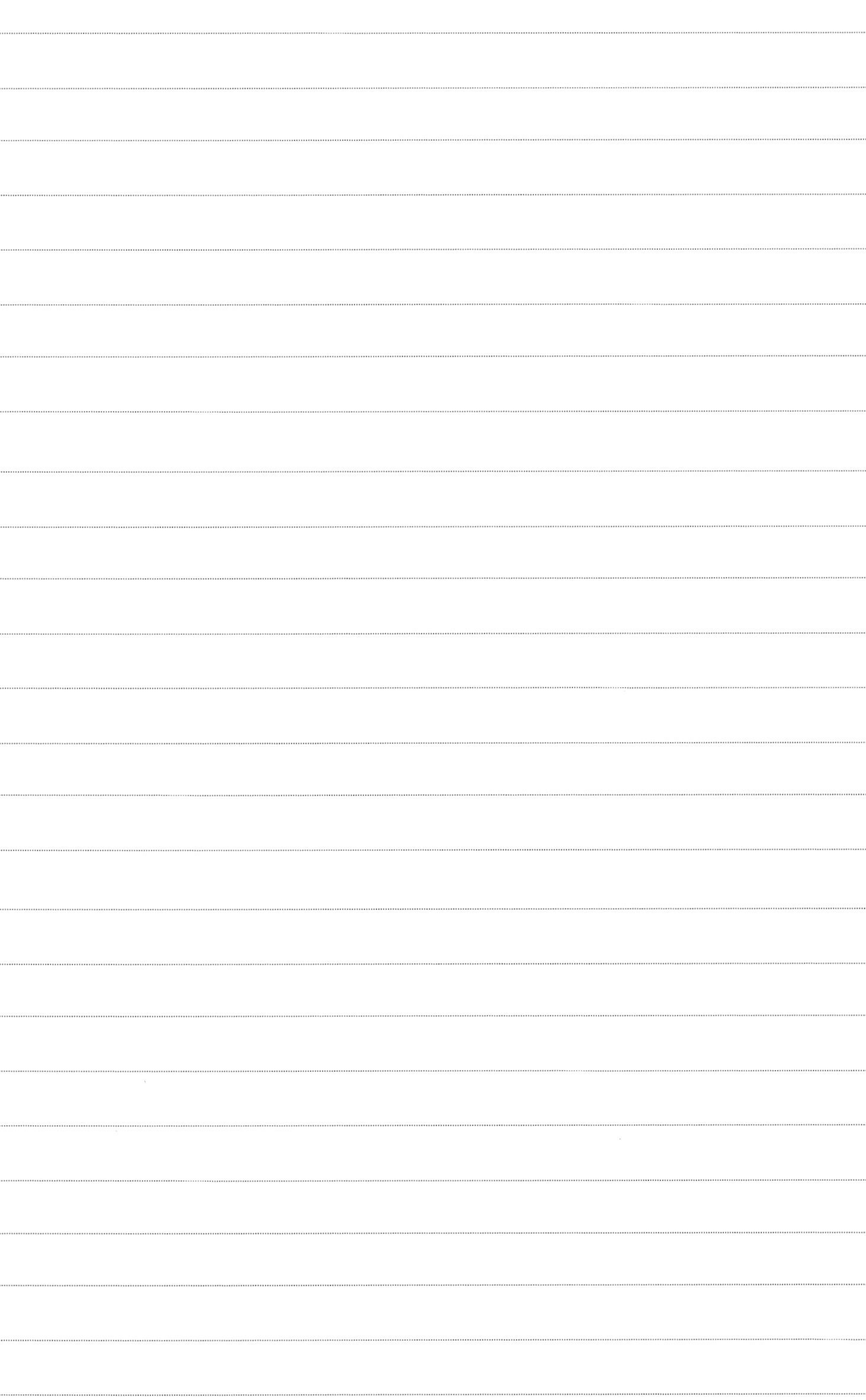

Note

Diet
Japanese

新 다이어트 일본어

저자 강석우 · 이범석 · 최은희 · 이시즈카 유카리 · 고쿠쇼 카즈미

초급
1

시사일본어사

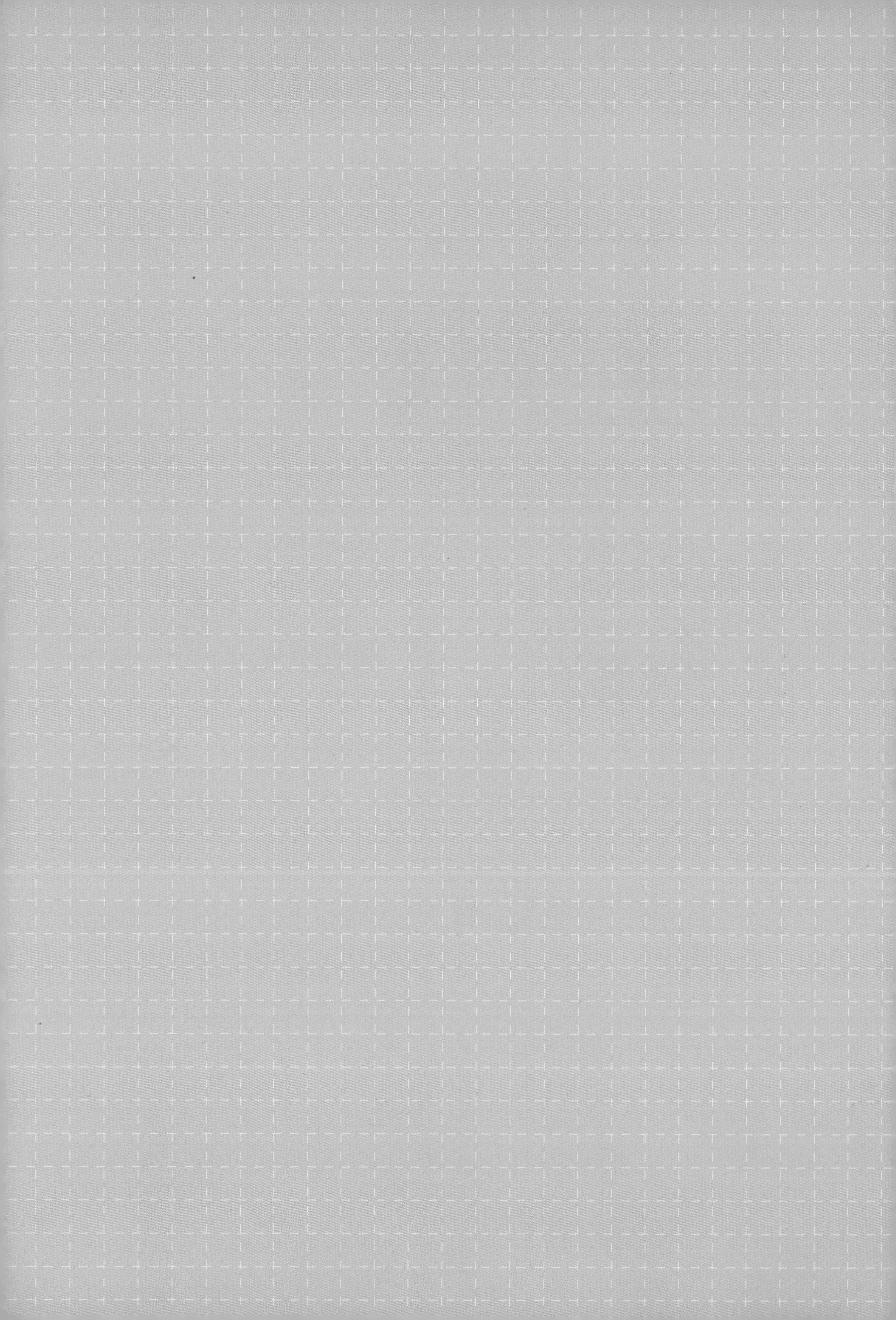

「가능한한 부담없이, 일본어를 즐겁게 공부하자!」

이것이 본서가 지향하는 가장 큰 목적입니다. 우리 주변에는 일본의 게임과 만화, 애니메이션에 흥미를 가지고 일본어를 배우고자 하는 사람이 많이 있습니다. 그러나 막상 공부를 시작하려고 하면 100개에 가까운 문자, 수많은 문형, 형용사와 동사의 활용 등, 학습해야 할 내용이 끊임없이 나오기 때문에 불안을 느끼게 되고 일본어공부가 싫어지는 경우가 적지 않습니다.

이에 학습자의 부담을 줄이며 흥미를 가지고 단기간에 일본어공부가 가능하도록 교재를 만들었습니다. 무엇보다도 초급 일본어에서 꼭 필요한 문법과 문형만으로 전체를 구성하고 슬림한 교재를 지향하였습니다.

한국인 초급일본어 학습자에게는 「1. 문자(히라가나·가타카나), 2. 동사의 활용, 3. 한자」라는 3가지 큰 장애물이 있습니다. 본서는 이와 같은 학습상의 어려움을 고려하여 아래와 같이 부담을 최소한으로 줄이면서 체계적으로 학습할 수 있도록 노력하였습니다.

1. 히라가나를 처음 외울 때, 단순히 한글자 한글자 암기해 가는 것이 아니고, 「일본어 문자와 표기」편에 나오는 기본단어만을 가지고 히라가나 46자를 모두 암기할 수 있도록 고안하였습니다.
2. 가타카나는 단계적으로 학습할 수 있도록 하였습니다. 다시 말하면, 1과부터 6과까지의 본문과 연습문제에 나오는 가타카나를 암기하면 자연스럽게 가타카나 46자를 모두 알 수 있도록 하였습니다.
3. 기본적으로 일본어는 띄어쓰기를 하지 않습니다. 그러나 처음 얼마동안은 일본어 문장에 익숙해지기가 어렵다는 점을 고려하여 6과까지는 띄어쓰기를 하였습니다.
4. 한자 학습은 초급학습자에게 부담이 많은 것 또한 사실입니다. 그러나 일본어 학습에서 한자 학습을 피해갈 수는 없습니다. 따라서 초반부에는 한자의 수를 가능하면 줄이고, 대신 각 과의 마지막에 한자쓰기 코너를 마련하여 단계적으로 한자를 익혀나가도록 하였습니다.
5. 일본문화를 접할 수 있도록 「일본견문기」라는 일본사정에 관한 칼럼을 만들었습니다.

본서는 2001년에 출판한 '다이어트 초급 일본어'를 전면 개편하여 새롭게 구성하였습니다. 특히 이전과 달리 배경무대를 일본으로 하여 주인공이 일본의 대학에서 생활하며 겪는 내용을 중심으로 회화문이 전개됨으로써 일본의 대학생활을 간접적으로 체험하며 학습할 수 있다는 점에서 매우 유용할 것으로 생각합니다.

본 교재를 통하여 일본어를 즐겁게 공부할 수 있기를 바라며, 마지막으로 본서가 나오기까지 수고해주신 시사일본어사 편집부 여러분께 깊은 감사의 뜻을 전합니다.

2014년 저자 일동

본 교재는 전체적으로 1부 일본어 문자와 표기, 2부 본문, 3부 부록으로 구성되어 있습니다.

1부 일본어 문자와 표기에서는 일본어 문자의 유래 및 자원을 파악한 후, 오십음도 표로 일본어 문자를 학습합니다. 일본어의 발음에서는 각 글자의 획순을 표기하여 보다 정확하게 일본어 문자를 쓸 수 있도록 하였습니다. 또한, 고저악센트를 가지고 있는 일본어의 특성도 소개하였습니다.

2부 본문-회화문은 총 12과로 구성되어 있으며, 「새로운 단어」, 「회화문」, 「1단계 알기」, 「2단계 올리기」, 「3단계 연습하기」, 「일본견문기」, 「써 보기」로 구성되어 있습니다. 또 7과부터는 실제 일본어와 같이 띄어쓰기를 하지 않았으며, 1~6과보다 한자 사용 빈도를 높여 단계적으로 일본어 능력이 향상될 수 있게 하였습니다. 2부 본문의 구성과 특징은 아래와 같습니다.

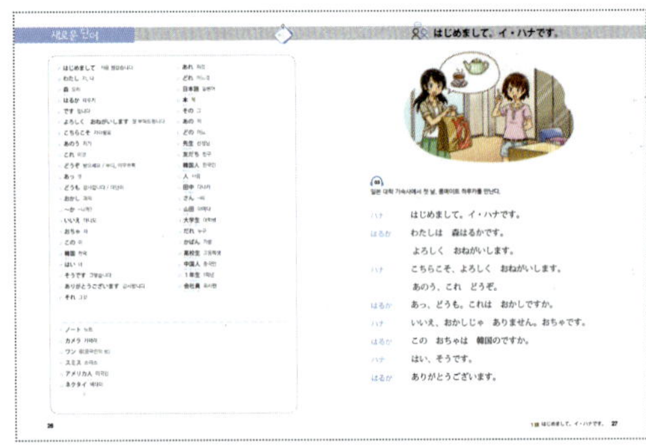

새로운 단어 / 회화문

해당 과에서 새로 나오는 어휘를 우선적으로 학습할 수 있습니다.
짧은 회화문으로 부담없이 본문을 익히고 일본인 성우의 음성으로 회화 및 듣기 능력이 향상됩니다.

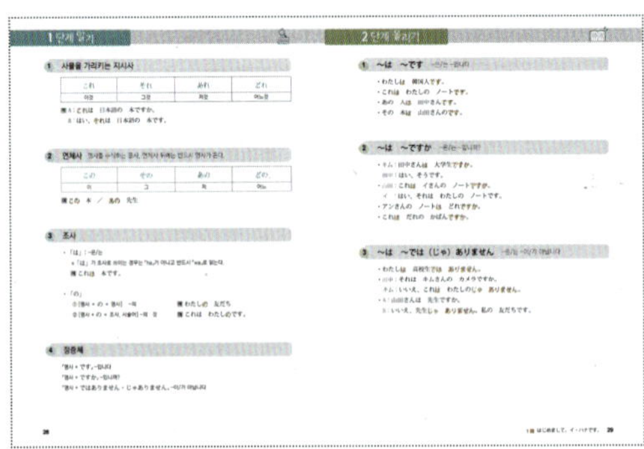

1단계 알기 / 2단계 올리기

해당 과에서 학습할 문법 및 표현을 간결하고 핵심적으로 수록하였습니다.
1단계에서 소개한 표현을 사용한 다양한 실생활 예문으로 이해도를 높였습니다.

 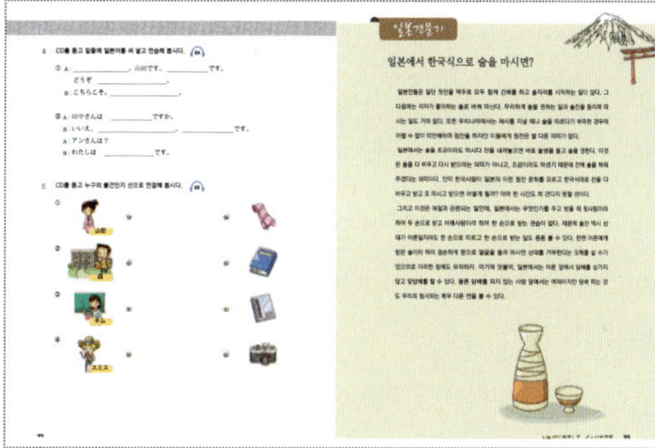

3단계 연습하기 / 일본견문기

1,2단계에서 학습한 내용을 토대로 작문 및 듣기 문제를 풀며 연습할 수 있습니다.
저자가 일본에서 생활하면서 겪은 생생한 일본의 모습을 느낄 수 있습니다.

써 보기

필수 초급 한자와 가타카나 초급 단어를 직접 획순에 따라 써 보며
올바른 문자를 익힘과 동시에 어휘를 학습할 수 있습니다.

마지막으로 3부 부록에서는 숫자, 조수사, 날짜, 위치 등 다양한 필수 표현을 수록하였습니다. 그리고 본문 문제의 정답 및 듣기 스크립트와 본문 해석을 수록하여 혼자서도 충분히 학습할 수 있도록 하였습니다. 또한, 별책으로 제공되는 히라가나 / 가타카나 쓰기 노트로 올바른 쓰기 연습이 가능하도록 하였습니다.

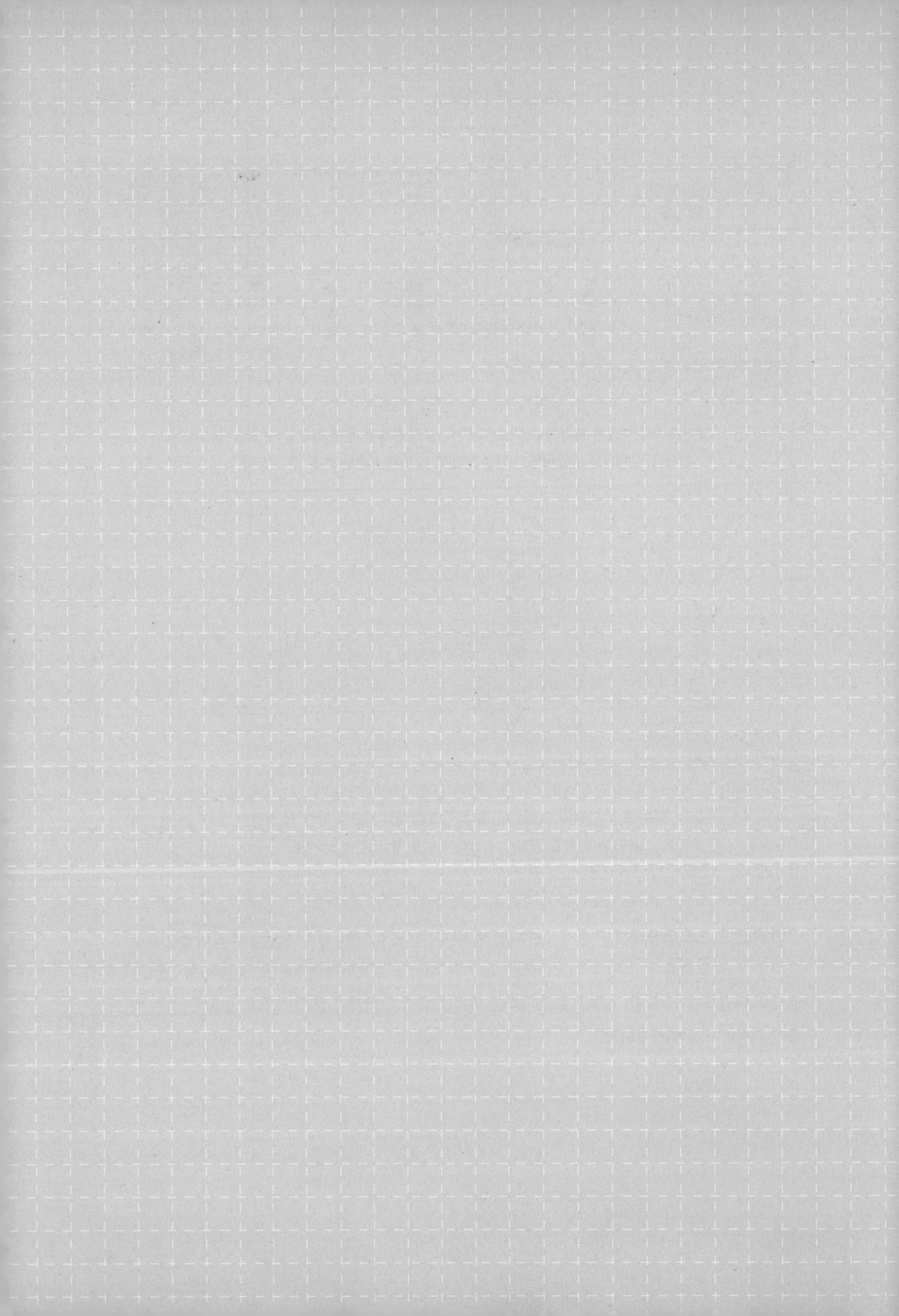

일본어 문자와 표기

① 일본어 문자의 유래

② 오십음도

③ 일본어의 발음
  (청음 / 탁음 / 반탁음 / 장음 / 발음 / 촉음 / 요음)

④ 일본어의 악센트

일본어는 한자(漢字)와 가나(仮名)를 병행하여 사용하는 언어이다. 가나는 일본 고유의 글자로서 우리의 한글처럼 표음문자(表音文字)인데, 한자의 초서체(草書体)에서 유래한 히라가나(ひらがな；平仮名)와 한자의 일부를 생략하여 만든 가타카나(カタカナ；片仮名)로 나뉘어진다. 히라가나는 9세기경 일본의 헤이안(平安)시대에 귀족 여성들에 의해 만들었다고 알려져 있으나, 가타카나가 만들어진 시기는 명확하지 않고 히라가나가 만들어진 시기와 비슷하다고 추정하고 있다. 일상적으로 현대 일본어는 히라가나와 한자를 섞어서 쓰고, 가타카나는 주로 외래어표기나 의성어, 의태어, 또는 강조할 때 사용한다.

▶ 히라가나의 자원(字源)

	あ단	い단	う단	え단	お단
あ행	安→あ→あ a	以→以→い i	宇→宇→う u	衣→衣→え e	於→お→お o
か행	加→加→か ka	幾→幾→き ki	久→久→く ku	計→計→け ke	己→己→こ ko
さ행	左→さ→さ sa	之→し→し shi	寸→す→す su	世→世→せ se	曽→そ→そ so
た행	太→た→た ta	知→ち→ち chi	川→川→つ tsu	天→て→て te	止→止→と to
な행	奈→奈→な na	仁→仁→に ni	奴→奴→ぬ nu	祢→祢→ね ne	乃→乃→の no
は행	波→波→は ha	比→ひ→ひ hi	不→ふ→ふ hu	部→部→へ he	保→保→ほ ho
ま행	末→末→ま ma	美→美→み mi	武→武→む mu	女→め→め me	毛→毛→も mo
や행	也→や→や ya		由→由→ゆ yu		与→与→よ yo
ら행	良→良→ら ra	利→利→り ri	留→留→る ru	礼→礼→れ re	呂→呂→ろ ro
わ행	和→和→わ wa	為→為→ゐ i		恵→恵→ゑ e	遠→遠→を wo
ん	无→ん→ん ng, n, m				

▶ 가타카나의 자원(字源)

	ア단	イ단	ウ단	エ단	オ단
ア행	阿→阿→ア a	伊→伊→イ i	宇→宇→ウ u	江→江→エ e	於→於→オ o
カ행	加→加→カ ka	幾→幾→キ ki	久→久→ク ku	介→介→ケ ke	己→己→コ ko
サ행	散→散→サ sa	之→之→シ shi	須→須→ス su	世→世→セ se	曽→曽→ソ so
タ행	多→多→タ ta	千→千→チ chi	川→川→ツ tsu	天→天→テ te	止→止→ト to
ナ행	奈→奈→ナ na	二→二→ニ ni	奴→奴→ヌ nu	祢→祢→ネ ne	乃→乃→ノ no
ハ행	八→八→ハ ha	比→比→ヒ hi	不→不→フ hu	部→部→ヘ he	保→保→ホ ho
マ행	末→末→マ ma	三→三→ミ mi	牟→牟→ム mu	女→女→メ me	毛→毛→モ mo
ヤ행	也→也→ヤ ya		由→由→ユ yu		与→与→ヨ yo
ラ행	良→良→ラ ra	利→利→リ ri	流→流→ル ru	礼→礼→レ re	呂→呂→ロ ro
ワ행	和→和→ワ wa	井→井→ヰ i		恵→恵→ヱ e	乎→乎→ヲ wo
ン	尔→尔→ン ng, n, m				

아래의 표와 같이 가나를 일정한 순서로 5개의 단과 10개의 행으로 정리한 것을 오십음도라 한다. 오십음도는 50개의 글자여야 하지만, 현대어에서 일반적으로 쓰이는 가나의 수는 46자이다.

▶ 히라가나 오십음도

	あ단	い단	う단	え단	お단
あ행	あ a	い i	う u	え e	お o
か행	か ka	き ki	く ku	け ke	こ ko
さ행	さ sa	し shi	す su	せ se	そ so
た행	た ta	ち chi	つ tsu	て te	と to
な행	な na	に ni	ぬ nu	ね ne	の no
は행	は ha	ひ hi	ふ hu	へ he	ほ ho
ま행	ま ma	み mi	む mu	め me	も mo
や행	や ya		ゆ yu		よ yo
ら행	ら ra	り ri	る ru	れ re	ろ ro
わ행	わ wa				を wo
ん	ん ng, n, m				

▶ 가타카나 오십음도

	ア단	イ단	ウ단	エ단	オ단
ア행	ア a	イ i	ウ u	エ e	オ o
カ행	カ ka	キ ki	ク ku	ケ ke	コ ko
サ행	サ sa	シ shi	ス su	セ se	ソ so
タ행	タ ta	チ chi	ツ tsu	テ te	ト to
ナ행	ナ na	ニ ni	ヌ nu	ネ ne	ノ no
ハ행	ハ ha	ヒ hi	フ hu	ヘ he	ホ ho
マ행	マ ma	ミ mi	ム mu	メ me	モ mo
ヤ행	ヤ ya		ユ yu		ヨ yo
ラ행	ラ ra	リ ri	ル ru	レ re	ロ ro
ワ행	ワ wa				ヲ wo
ン	ン ng, n, m				

▶ 발음과 쓰기 연습을 하기 전에 우선 오십음도가 머릿속에 그려질 수 있도록 아래의 순서를 암기합시다.

단 a i u e o
행 a ka sa ta na ha ma ya ra wa N

1 청음

청음이란 오십음도의 「あ・か・さ・た・な・は・ま・ら행」의 자음들을 말한다. '청음'은 맑은
소리라는 뜻으로, 탁점이나 반탁점이 없이 오십음도의 발음 그대로 읽히는 글자를 말한다.

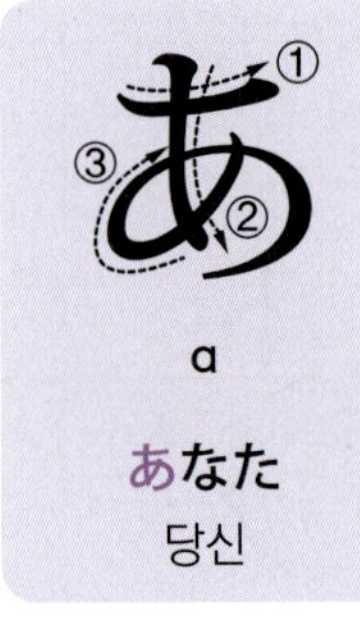

a

あなた
당신

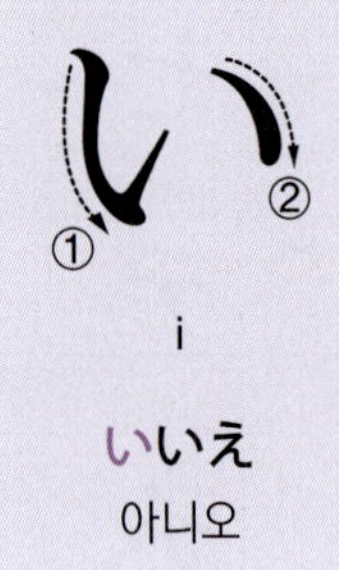

i

いいえ
아니오

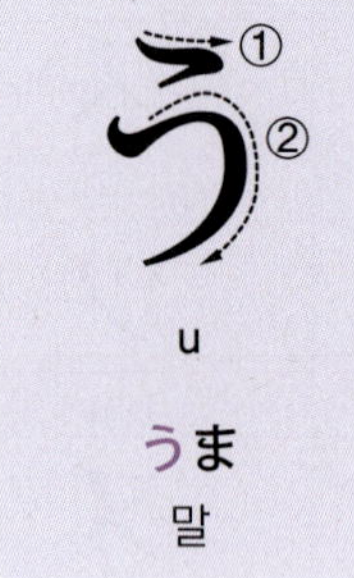

u

うま
말

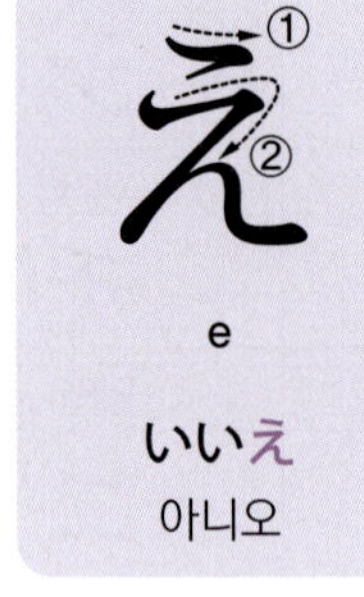

e

いい**え**
아니오

o

おさけ
술

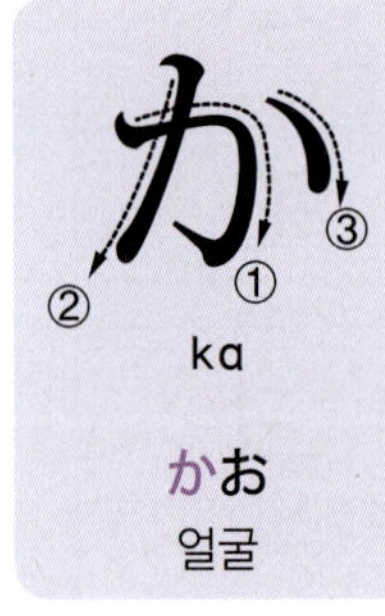

ka

かお
얼굴

ki

つめ**き**り
손톱깎이

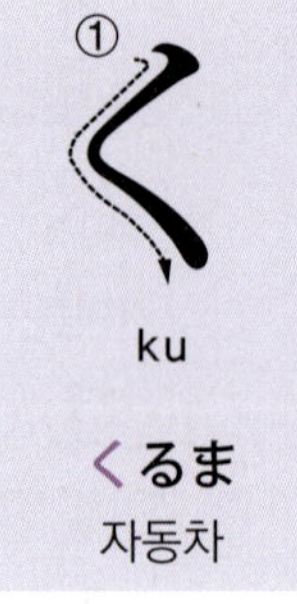

ku

くるま
자동차

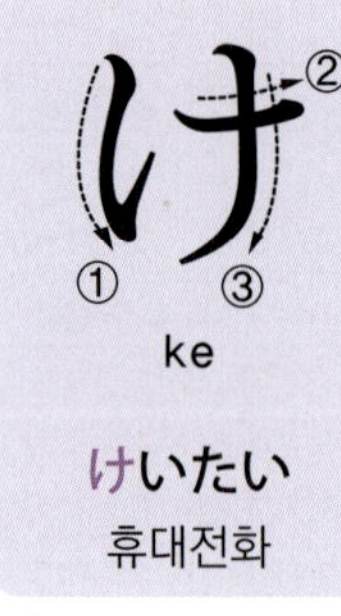

ke

けいたい
휴대전화

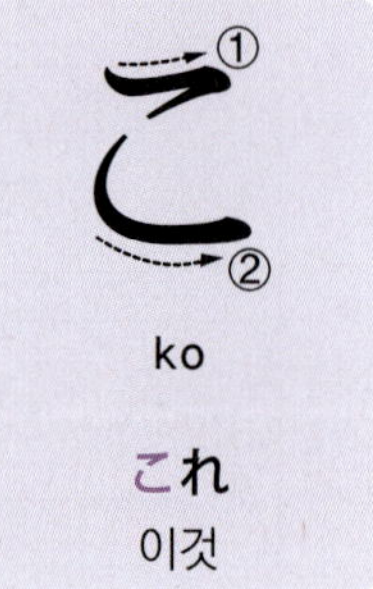

ko

これ
이것

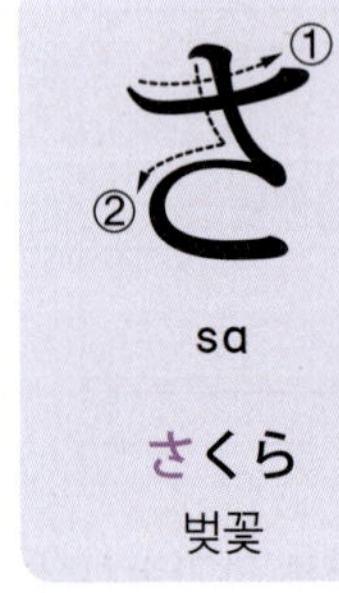

sa

さくら
벚꽃

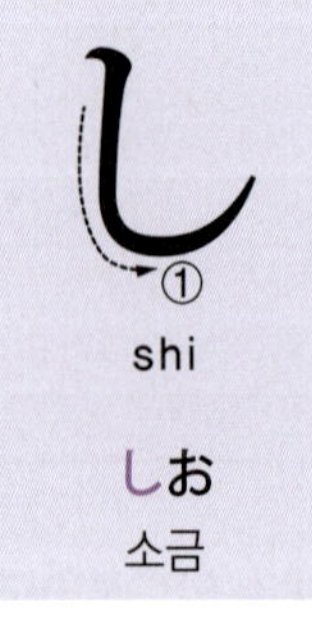

shi

しお
소금

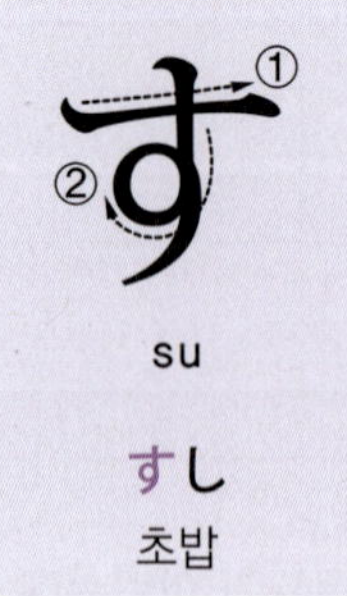

su

すし
초밥

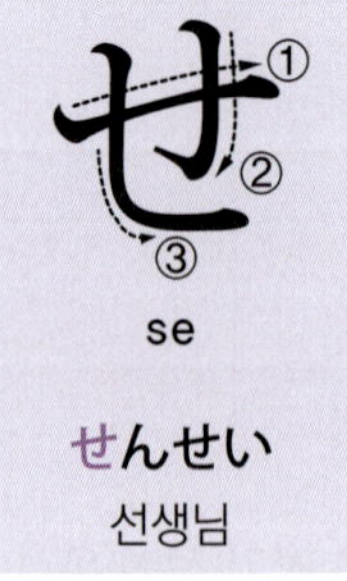

se

せんせい
선생님

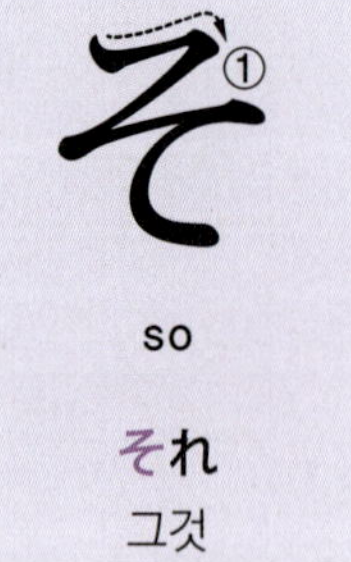

so

それ
그것

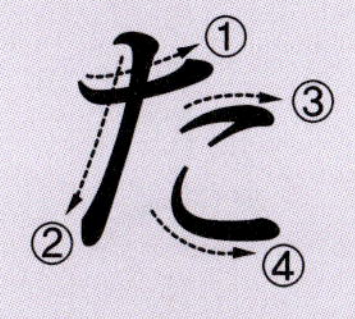

ta

たこ
문어

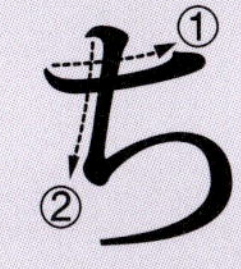

chi

ちらし
광고지

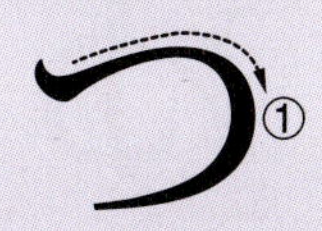

tsu

つめきり
손톱깎이

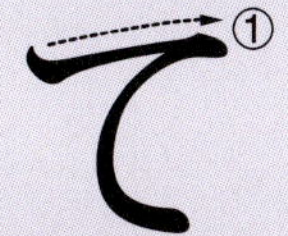

te

て
손

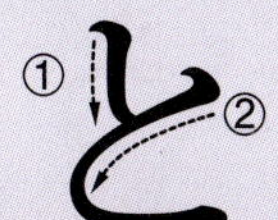

to

とり
새

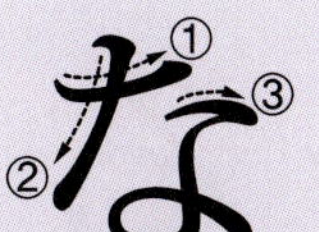

na

あなた
당신

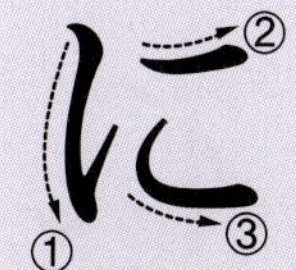

ni

にせもの
가짜

nu

いぬ
개

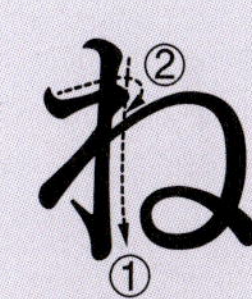

ne

ねこ
고양이

no

のり
김

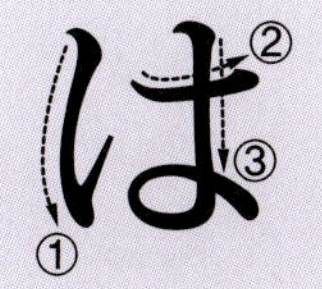

ha

はい
네

hi

ひと
사람

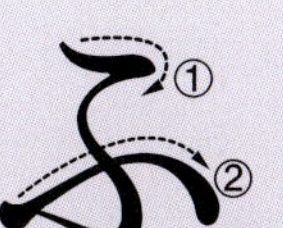

hu

ふね
배

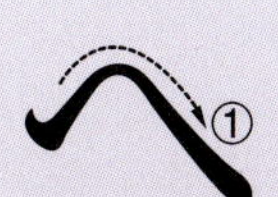

he

へや
방

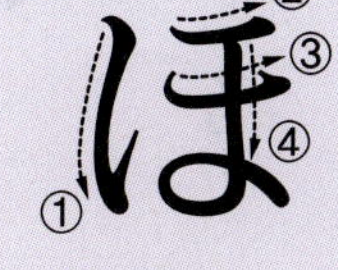

ho

ほん
책

(조사 は(wa) : ~은/는)　　　　　(조사 へ(e) : ~에/로)

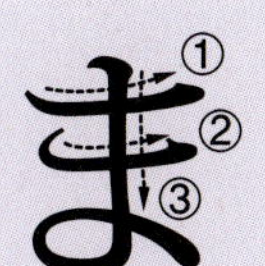

ma

くるま
자동차

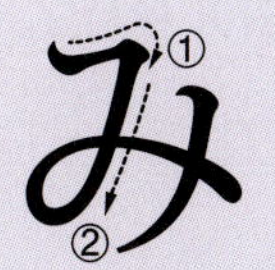

mi

みかん
귤

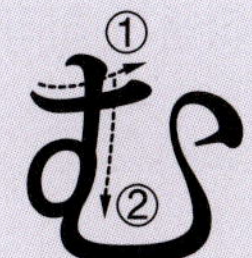

mu

むし
벌레

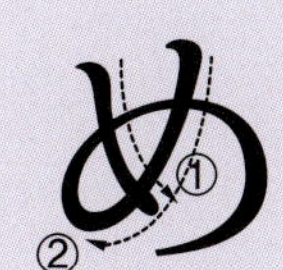

me

つめきり
손톱깎이

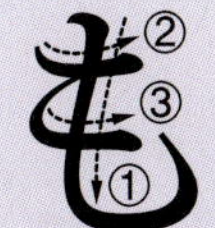

mo

もち
떡

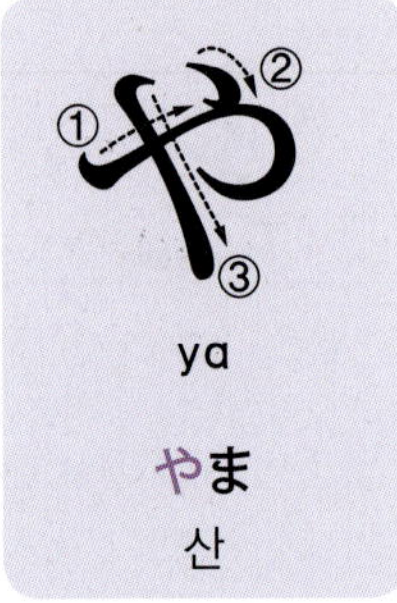

ya

やま
산

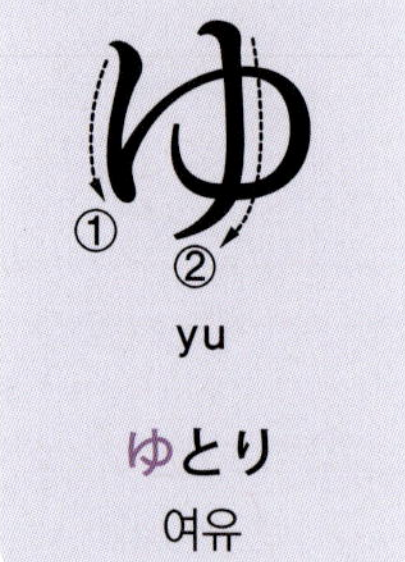

yu

ゆとり
여유

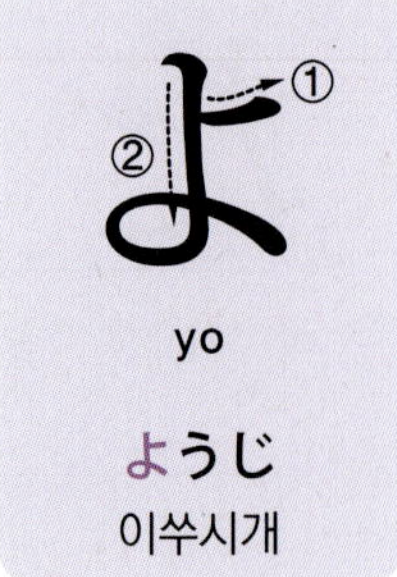

yo

ようじ
이쑤시개

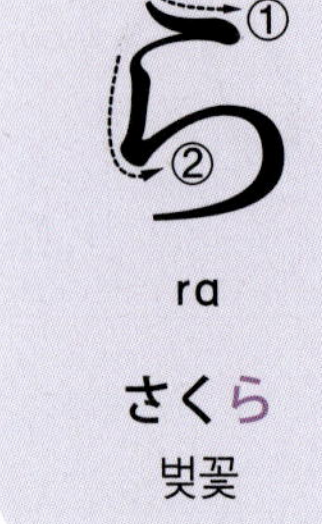

ra

さくら
벚꽃

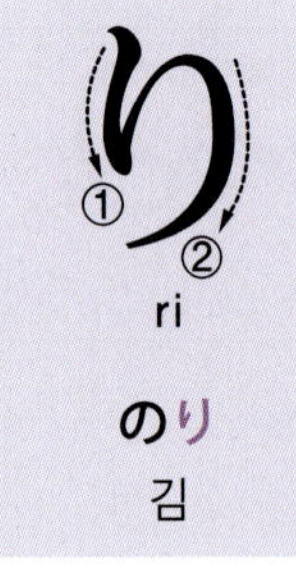

ri

のり
김

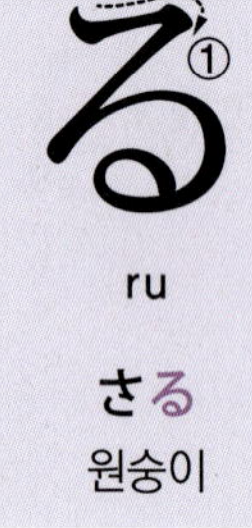

ru

さる
원숭이

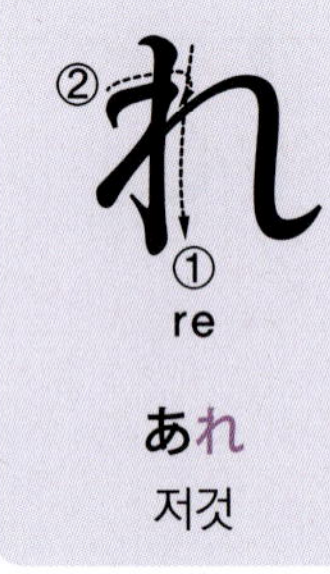

re

あれ
저것

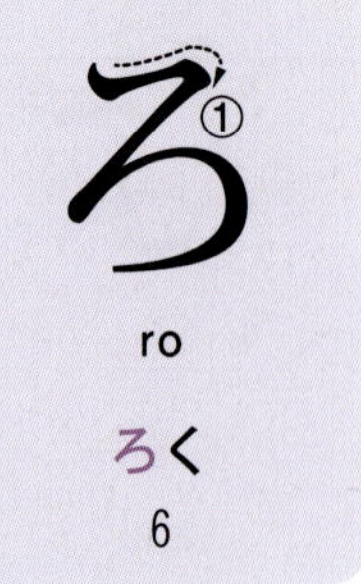

ro

ろく
6

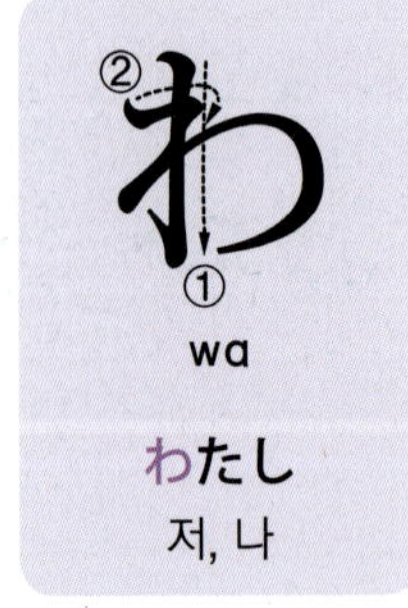

wa

わたし
저, 나

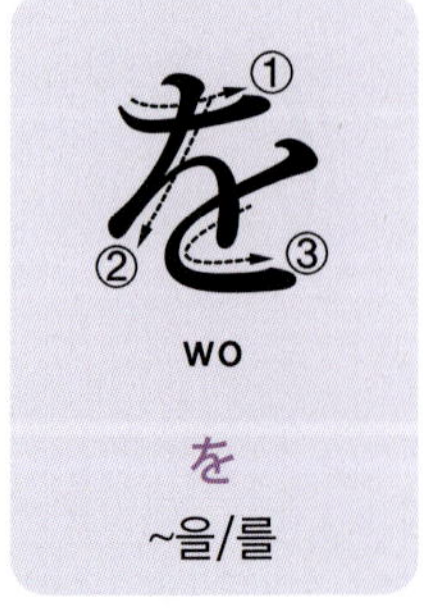

wo

を
~을/를

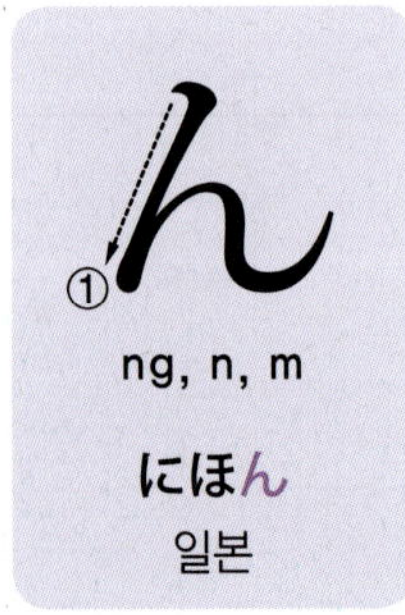

ng, n, m

にほん
일본

▶ 다음의 히라가나를 읽어 보시오.

❶ これは　つめきりです。

❷ みかんは　おいしいです。

❸ さようなら。

❹ はじめまして。

2 탁음

탁음은 청음의 「か・さ・た・は행」의 글자 오른쪽 윗부분에 부호 「　゛」(탁점)을 붙여서 표기하며,
이러한 탁음 부호를 니고리(にごり)라 부르기도 한다.

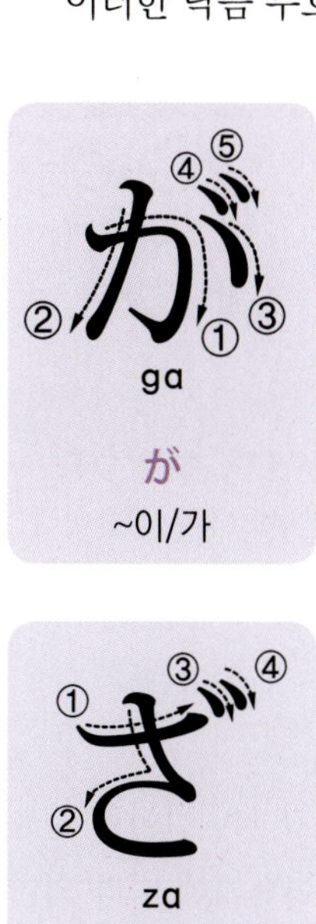

ga

が
~이/가

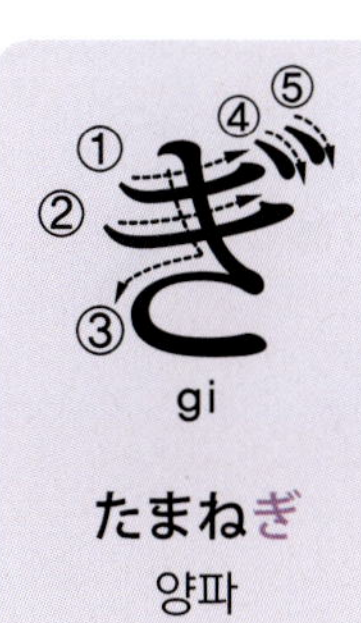

gi

たまねぎ
양파

gu

かぐ
가구

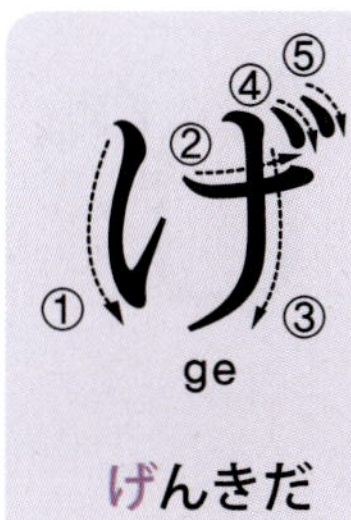

ge

げんきだ
건강하다

go

ごご
오후

za

ざるそば
모밀국수

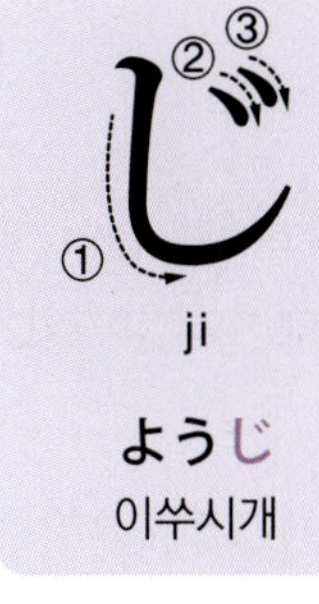

ji

ようじ
이쑤시개

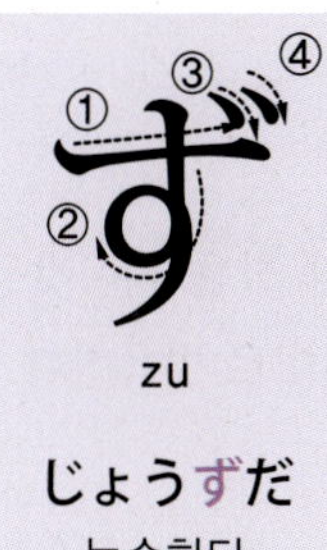

zu

じょうずだ
능숙하다

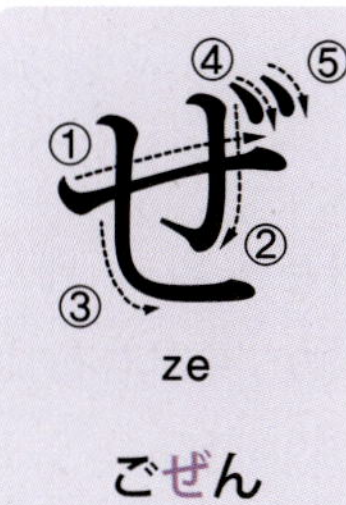

ze

ごぜん
오전

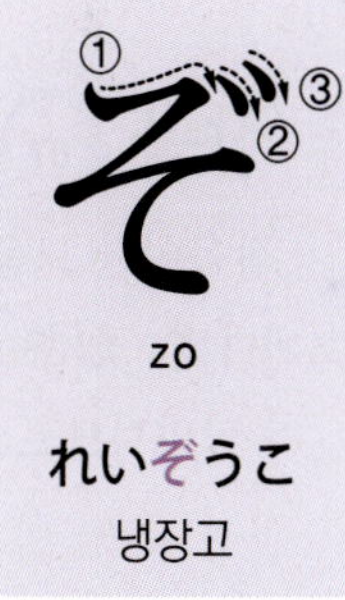

zo

れいぞうこ
냉장고

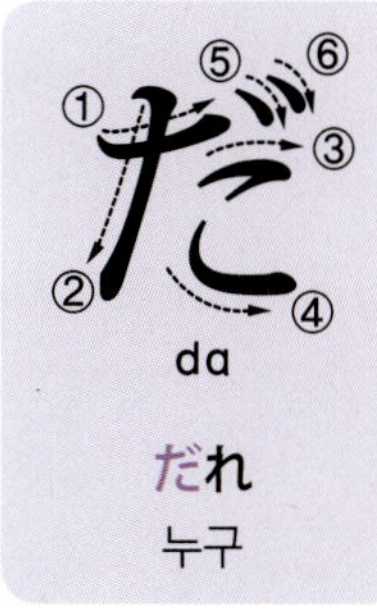

da

だれ
누구

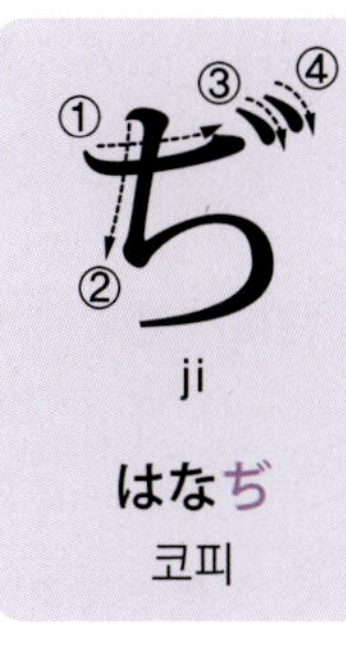

ji

はなぢ
코피

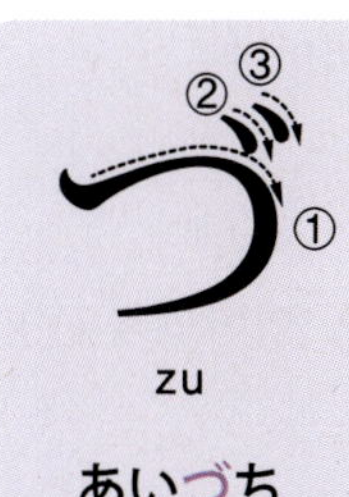

zu

あいづち
맞장구

de

で
~에서

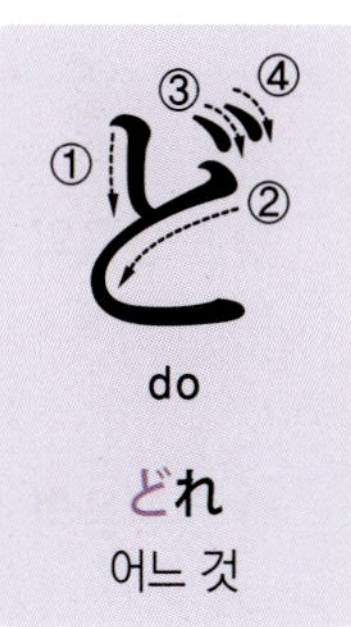

do

どれ
어느 것

ba

わりばし
나무젓가락

bi

さびしい
쓸쓸하다

bu

ざぶとん
방석

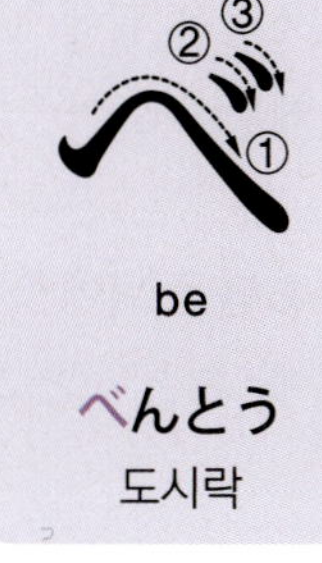

be

べんとう
도시락

bo

おぼん
쟁반

3 반탁음 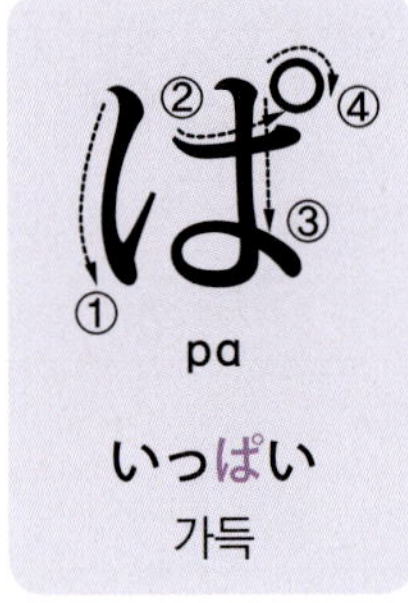 06

반탁음은 「は행」 글자의 오른쪽 윗부분에 부호 「　゜」(반탁점)을 붙여서 표기하고, 「は행」의 자음 [h]
가 [p]로 발음되는 음을 말한다.

ぱ	ぴ	ぷ	ぺ	ぽ
pa	pi	pu	pe	po
いっぱい	ぴかぴか	てんぷら	ぺらぺら	むてっぽうだ
가득	반짝반짝	튀김	유창하다	무모하다, 경솔하다

4 장음 07

장음이란 모음을 다른 음의 두 배로 길게 발음하는 것을 말한다. 예를 들어 「あ」가 1의 길이로 발음
된다면, 「かあ」에서 「か」의 모음은 2의 길이로 발음한다. 일본어에서는 장음인가 아닌가에 따라 의미
가 달라지므로 주의해야 한다.

❶ **あ단음의 장음** : あ단음 뒤에 「あ」로 나타난다.
　　　예) おかあさん : 어머니　　　　　おばあさん : 할머니

❷ **い단음의 장음** : い단음 뒤에 「い」로 나타난다.
　　　예) いいえ : 아니오 (영어의 "NO")　　　おにいさん : 오빠/형

❸ **う단음의 장음** : う단음 뒤에 「う」로 나타난다.
　　　예) こうつう : 교통　　　　　くうき : 공기

❹ **え단음의 장음** : え단음 뒤에 「い」나 「え」로 나타난다.
　　　예) せんせい : 선생님　　　　　おねえさん : 언니/누나

❺ **お단음의 장음** : お단음 뒤에 「う」나 「お」로 나타난다.
　　　예) おとうと : 남동생　　　　　おおい : 많다

※ **가타카나의 장음표기** : 가타카나의 장음은 어느 음이나 뒤에 기호 「ー」로 나타낸다.
　　　예) カード : 카드　　　　　ノート : 노트

5 발음 🎧 08

발음(haneru음)이란 「ん」으로 표기되는 소리인데, 뒤에 오는 소리에 따라 [m], [n], [ng], [ng + 비음]으로 각기 다르게 발음된다. 한국어의 받침과는 달리 독립된 음소로 다른 글자와 마찬가지로 한 글자분의 음성적 길이를 갖는다는 점에 유의해야 한다.

❶ 「ま, ば, ぱ행」 앞에서 : [m]　　　　　예) てんぷら : 튀김

❷ 「さ, ざ, た, だ, な, ら행」 앞에서 : [n]　　예) せんせい : 선생님　　　べんとう : 도시락

❸ 「か, が행」 앞에서 : [ng]　　　　　예) ぎんこう : 은행　　　にほんご : 일본어

❹ 「あ, は, や, わ행」 앞에 쓰이거나 「ん」으로 끝날 때 : [ng + 비음]　　예) おでん : 오뎅

6 촉음 🎧 09

촉음이란 「つ」를 다른 문자 다음에 「っ」와 같이 작게 표기하는 것인데, 발음은 다음에 오는 음에 따라 달라진다. 외래어 등의 독특한 경우를 제외하고는 일반적으로 「か・さ・た・ぱ행」 앞에서만 나타나며 , 이 경우 촉음은 뒤에 오는 자음과 같게 발음된다. 하지만, 실제로는 소리가 나지 않는 일종의 휴지(休止)에 불과하므로, 한국어의 받침과 달리 독립된 음소로서 다른 글자와 마찬가지로 한 글자분의 음성적 길이를 갖는다는 점에 유의해야 한다.

예) がっこう[gakko:] : 학교
　　ざっし[zasshi] : 잡지
　　きって[kitte] : 우표
　　いっぱい[ippai] : 가득
　　むてっぽう[muteppo:] : 무모함, 경솔함. 또는 그런 사람.

7 요음

요음은 일본어의 「い」단음 중에서 모음 「い」를 제외한 「き・し・ち・に・ひ・み・り・ぎ・じ・ち・び・ぴ」의 오른쪽 아래에 반모음 역할을 하는 「や・ゆ・よ」를 작게 써서 표기한다. 이때, 각 「い」단음의 [i]모음은 탈락하고 대신 반모음이 들어가 한 음절로 발음하게 되는데, 예를 들어 「きゃ」의 발음은 [ki] + [ya]에서 [i]모음이 탈락되어 [kya]로 된다.

❶ 청음

▶ 예

❶ きゅうしゅう : 규슈(九州)

❷ とうきょう : 도쿄(東京)

❸ おちゃ : 차(茶)

❹ にゅうがく : 입학

❺ ひゃく : 백 (100)

❻ みょうじ : 성 (姓氏)

❼ りょう : 기숙사

❷ **탁음·반탁음** : 현대어에서 「ぢゃ·ぢゅ·ぢょ」는 거의 쓰이지 않으며, 같은 발음인 「じゃ·
じゅ·じょ」가 일반적으로 쓰인다.

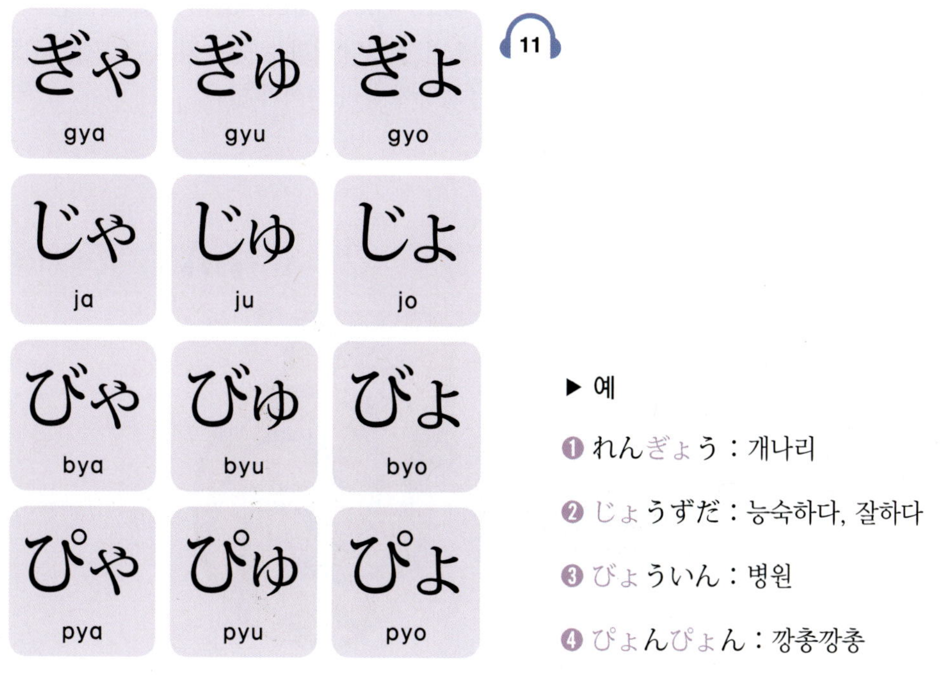

▶ 예

❶ れんぎょう : 개나리

❷ じょうずだ : 능숙하다, 잘하다

❸ びょういん : 병원

❹ ぴょんぴょん : 깡총깡총

　영어나 독일어가 발음의 강약에 의해서 의미를 구분하는 강약 악센트를 갖고 있음에 반해, 일본어는 발음의 높낮이에 의해서 의미를 구분하는 고저 악센트를 갖고 있다. 즉, 하나의 단어 속에 높게 발음되는 음과 낮게 발음되는 음이 있으며, 악센트에 따라 단어의 의미가 달라진다. 예를 들어 「あめ」라는 단어를 고저(高低)로 「あめ」라고 읽으면 '비(雨)'라는 뜻이 되고, 저고(低高)로 「あめ」라고 읽으면 먹는 '엿(사탕)'이라는 뜻이 된다. 또, 「はし」를 고저(高低)로 읽으면 '젓가락'이라는 뜻이 되고, 저고(低高)로 읽으면 '다리(橋)'라는 뜻이 된다. 이러한 일본어의 악센트는 지방에 따라 차이가 있다.

あめ　　　　　　あめ

はし　　　　　　はし

일본견문기에 앞서

 한국인과 일본인은 피부색도 같고 언어면에서도 양국의 언어는 어순이 거의 같으며 문화적 배경 또한 그러하다. 이처럼 두 나라는 공통점이 매우 많지만 그렇다고 해서 사고판단의 기준도 비슷할 것이라고 쉽게 생각해서는 안 된다. 공통점이 많다고 쉽게 생각하는 것 때문에 오히려 오해가 발생할 소지가 더욱 많다는 점을 기억하고 깊이 새겨야 할 것이다.

 요즈음 국내에서는 일본문화관련 책이나 잡지가 홍수를 이루고 있다. 이러한 현상은 일본에 관한 지식을 넓힌다는 측면에서는 매우 바람직한 일로 볼 수 있다. 하지만 그것들을 읽고 책 속의 내용이 일본문화의 모든 것이라고 생각해서는 안된다는 점을 강조하고 싶다. '강조까지 할 필요가 있을까?'라는 생각이 들 정도로 매우 당연한 일이지만 사람들은 평범한 사실에 자칫 소홀하기 쉬운 습성이 있는 것으로 보여지기 때문이다. 지금은 꽤 시간이 지난 이야기이지만 '일본은 없다'라는 책이 한때 베스트셀러가 된 적이 있다. 저자의 판단으로 문화라는 것은 '있다', '없다'처럼 극명하게 흑백논리로 구분할 수 있는 사항이 결코 아님에도 불구하고 이 책이 베스트셀러가 될 수 있었던 점과 사람들에게는 평범한 것일수록 소홀하기 쉬운 습성이 있는 점이 결코 무관한 것 같지 않다.

 이후 각과의 마지막에 나오는 일본견문기(日本見聞記)의 내용은 각각의 저자가 일본에서 보고 듣고 느낀 점을 주관적으로 기록한 것임을 미리 밝혀둔다.

イ・ハナ

이 하나. 한국 출신.
일본의 대학에서 유학 중.

たくや

다쿠야. 하루카의 친구.
축구부 활동 중.

はるか

하루카. 오키나와 출신.
하나의 룸메이트.

はじめまして。
イ・ハナです。

- わたしは　韓国人です。
- これは　おかしですか。
- わたしは　高校生では　ありません。
- その　本は　山田さんのです。

〈본문〉

- はじめまして 처음 뵙겠습니다
- わたし 저, 나
- 森 모리(일본인의 성)
- はるか 하루카(일본인의 이름)
- よろしく 잘
- おねがいします 부탁드립니다
- こちらこそ 저야말로
- あのう 저기, 저
- これ 이것
- どうぞ 받으세요 / 아무쪼록
- あっ 앗
- どうも 감사합니다 / 대단히
- おかし 과자
- いいえ 아니오
- おちゃ 차
- この 이
- 韓国 한국
- はい 네
- そうです 그렇습니다
- ありがとうございます 감사합니다

〈1단계〉

- それ 그것
- あれ 저것

- どれ 어느것
- 日本語 일본어
- 本 책
- その 그
- あの 저
- どの 어느
- 先生 선생님
- 友だち 친구
- 日本人 일본인

〈2단계〉

- 韓国人 한국인
- 人 사람
- 田中 다나카(일본인의 성)
- さん ~씨
- 山田 야마다(일본인의 성)
- 大学生 대학생
- だれ 누구
- かばん 가방
- 高校生 고등학생

〈3단계〉

- 林 하야시(일본인의 성)
- 中国人 중국인
- 1年生 1학년
- 会社員 회사원

- - -

- ノート 노트
- カメラ 카메라
- ワン 왕(중국인의 성)
- スミス 스미스
- アメリカ人 미국인

- ネクタイ 넥타이

🎧 **13**

일본 대학 기숙사에서 첫 날, 룸메이트 하루카를 만난다.

ハナ	はじめまして。イ・ハナです。
はるか	わたしは　森はるかです。
	よろしく　おねがいします。
ハナ	こちらこそ、よろしく　おねがいします。
	あのう、これ　どうぞ。
はるか	あっ、どうも。これは　おかしですか。
ハナ	いいえ、おかしじゃ　ありません。おちゃです。
はるか	この　おちゃは　韓国のですか。
ハナ	はい、そうです。
はるか	ありがとうございます。

1 　사물을 가리키는 지시사

これ	それ	あれ	どれ
이것	그것	저것	어느것

예 A : **これ**は　日本語の　本ですか。

　　B : はい、**それ**は　日本語の　本です。

2 　연체사　명사를 수식하는 품사, 연체사 뒤에는 반드시 명사가 온다.

この	その	あの	どの
이	그	저	어느

예 **この**　本　/　**あの**　先生

3 　조사

- 「は」 : ~은/는

  ＊ 「は」 가 조사로 쓰이는 경우는 「ha」가 아니고 반드시 「wa」로 읽는다.

  예 これ**は**　本です。

- 「の」 : ~의, ~의 것

  ① [명사 + の + 명사]　~의　　　　　예 わたし**の**　友だち

  ② [명사 + の + 조사, 서술어] ~의　것　　예 これは　わたし**の**です。

- 종조사 「か」 : ~까, 문장 끝에 쓰여서 의문문을 만든다.

  예 日本語の　本です**か**。

4 　정중체

~입니다	～です	日本人です
~입니까	～ですか	日本人ですか
~이 아닙니다	～では　ありません ～じゃ　ありません	日本人では　ありません 日本人じゃ　ありません

---

1 〜は　〜です　~은/는 ~입니다

- わたしは　韓国人です。
- これは　わたしの　ノートです。
- あの　人は　田中さんです。
- その　本は　山田さんのです。

---

2 〜は　〜ですか　~은/는 ~입니까?

- キム：田中さんは　大学生ですか。
  田中：はい、そうです。
- 山田：これは　イさんの　ノートですか。
  イ　：はい、それは　わたしの　ノートです。
- アンさんの　ノートは　どれですか。
- これは　だれの　かばんですか。

---

3 〜は　〜では（じゃ）ありません　~은/는 ~이/가 아닙니다

- わたしは　高校生では　ありません。
- 田中：それは　キムさんの　カメラですか。
  キム：いいえ、これは　わたしのじゃ　ありません。
- A：山田さんは　先生ですか。
  B：いいえ、先生じゃ　ありません。わたしの　友だちです。

1 다음 그림을 보고 보기와 같이 쓰고 말해 봅시다.

| 보기 | 林／日本人 | A：林さんは　日本人ですか。 |
| | | B：はい、そうです。わたしは　日本人です。 |

① ワン／中国人　　A：＿＿＿＿＿＿＿＿＿＿＿＿＿＿＿＿

　　　　　　　　　　B：＿＿＿＿＿＿＿＿＿＿＿＿＿＿＿＿

② スミス／アメリカ人　A：＿＿＿＿＿＿＿＿＿＿＿＿＿＿

　　　　　　　　　　B：＿＿＿＿＿＿＿＿＿＿＿＿＿＿＿＿

③ キム／先生　　A：＿＿＿＿＿＿＿＿＿＿＿＿＿＿＿＿

　　　　　　　　　　B：＿＿＿＿＿＿＿＿＿＿＿＿＿＿＿＿

④ 森／大学生　　A：＿＿＿＿＿＿＿＿＿＿＿＿＿＿＿＿

　　　　　　　　　　B：＿＿＿＿＿＿＿＿＿＿＿＿＿＿＿＿

2 보기와 같이 쓰고 말해 봅시다.

보기	山田／1年生　→　3年生
	A：山田さんは　1年生ですか。
	B：いいえ、1年生では（じゃ）ありません。3年生です。

① ワン／2年生　→　1年生　A：＿＿＿＿＿＿＿＿＿＿＿＿

　　　　　　　　　　　　　　B：＿＿＿＿＿＿＿＿＿＿＿＿

② スミス／1年生　→　2年生　A：＿＿＿＿＿＿＿＿＿＿

　　　　　　　　　　　　　　B：＿＿＿＿＿＿＿＿＿＿＿＿

職業（しょくぎょう）

| 教師 교사 | 公務員 공무원 | 弁護士 변호사 | 銀行員 은행원 | アナウンサー 아나운서 |
| きょうし | こうむいん | べんごし | ぎんこういん | |

③ キム／３年生　→　２年生　　A : _______________________

　　　　　　　　　　　　　　　B : _______________________

④ 森／２年生　→　４年生　　A : _______________________

　　　　　　　　　　　　　　　B : _______________________

3　보기와 같이 쓰고 말해 봅시다.

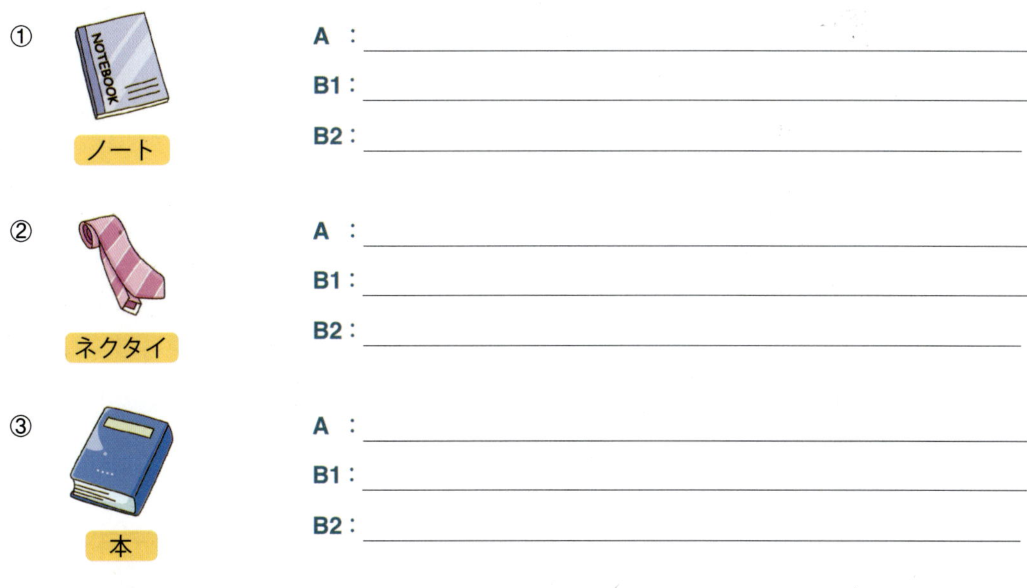

① ノート　　　　A : _______________________

　　　　　　　　　B1 : _______________________

　　　　　　　　　B2 : _______________________

② ネクタイ　　　A : _______________________

　　　　　　　　　B1 : _______________________

　　　　　　　　　B2 : _______________________

③ 本　　　　　　A : _______________________

　　　　　　　　　B1 : _______________________

　　　　　　　　　B2 : _______________________

④ かばん　　　　A : _______________________

　　　　　　　　　B1 : _______________________

　　　　　　　　　B2 : _______________________

職業（しょくぎょう）				
医者　いしゃ　의사	看護士　かんごし　간호사	歌手　かしゅ　가수	コック　요리사	エンジニア　엔지니어

4 CD를 듣고 밑줄에 일본어를 써 넣고 연습해 봅시다. 🎧14

① **A :** ＿＿＿＿＿＿＿＿＿＿＿。山田です。＿＿＿＿＿＿＿＿＿です。

どうぞ ＿＿＿＿＿＿＿＿＿＿＿。

B : こちらこそ。＿＿＿＿＿＿＿＿＿＿＿。

② **A :** 田中さんは ＿＿＿＿＿＿＿＿ですか。

B : いいえ、＿＿＿＿＿＿＿＿＿＿。＿＿＿＿＿＿＿＿＿です。

A : アンさんは？

B : わたしは ＿＿＿＿＿＿＿＿です。

5 CD를 듣고 누구의 물건인지 선으로 연결해 봅시다. 🎧15

① 山田

② 森

③ キム

④ スミス

일본에서 한국식으로 술을 마시면?

일본인들은 일단 첫 잔을 맥주로 모두 함께 건배를 하고 술자리를 시작하는 일이 많다. 그 다음에는 각자가 좋아하는 술로 바꿔 마신다. 무리하게 술을 권하는 일과 술잔을 돌리며 마시는 일도 거의 없다. 또한 우리나라에서는 제사를 지낼 때나 술을 따르다가 부족한 경우에 어쩔 수 없이 미안해하며 첨잔을 하지만 이들에게 첨잔은 별 다른 의미가 없다.

일본에서는 술을 조금이라도 마시다 잔을 내려놓으면 바로 술병을 들고 술을 권한다. 이것은 술을 다 비우고 다시 받으라는 의미가 아니고, 조금이라도 마셨기 때문에 잔에 술을 채워 주겠다는 의미이다. 만약 한국사람이 일본의 이런 첨잔 문화를 모르고 한국식대로 잔을 다 비우고 받고 또 마시고 받으면 어떻게 될까? 아마 한 시간도 채 견디지 못할 것이다.

그리고 이것은 예절과 관련되는 일인데, 일본에서는 무엇인가를 주고 받을 때 윗사람이라 하여 두 손으로 받고 아래사람이라 하여 한 손으로 받는 관습이 없다. 때문에 술잔 역시 상대가 어른일지라도 한 손으로 따르고 한 손으로 받는 일도 종종 볼 수 있다. 한편 어른에게 받은 술이라 하여 겸손하게 옆으로 얼굴을 돌려 마시면 상대를 거부한다는 오해를 살 수가 있으므로 이러한 점에도 유의하자. 여기에 덧붙여, 일본에서는 어른 앞에서 담배를 삼가지 않고 맞담배를 할 수 있다. 물론 담배를 피지 않는 사람 앞에서는 예외이지만 담배 피는 것도 우리의 정서와는 매우 다른 면을 볼 수 있다.

▶ 필수 초급 한자

行
갈/행할 행

쓰는 순서 | 行 行 行 行 行 行

· 行く 가다   · 銀行 은행

見
볼 견

쓰는 순서 | 見 見 見 見 見 見 見

· 見る 보다   · 見学 견학

言
말씀 언

쓰는 순서 | 言 言 言 言 言 言 言

· 言う 말하다   · 言語 언어

▶ 가타카나 초급 단어

カメラ

ネクタイ

ノート

ここは
としょかんです。

- どこですか。
- あそこに　山田さんが　います。
- かばんの　中に　じしょは　ありますか。
- じしょは　ありません。

〈본문〉

□ ここ 여기

□ としょかん 도서관

□ 韓国語 한국어

□ あります 있습니다 (무생물/식물)

□ 中 안, 가운데

□ ばいてん 매점

□ ありません 없습니다 (무생물/식물)

□ え 아

□ あっ 앗

□ あそこ 저기

□ います 있습니다 (동물/사람)

□ えっ 앗, 엣

□ どこ 어디

□ かいだん 계단

□ 前 앞

〈1단계〉

□ そこ 거기

□ ある 있다 (무생물/식물)

□ いる 있다 (동물/사람)

□ 教室 교실

□ など 등

□ 上 위

□ 下 아래

□ となり 옆, 근처

□ 後ろ 뒤

□ 左 왼쪽

□ 右 오른쪽

〈2단계〉

□ つくえ 책상

□ さいふ 지갑

□ たてもの 건물

□ 食堂 식당

□ 学校 학교

□ じしょ 사전

□ 山下 야마시타(일본인의 성)

〈3단계〉

□ いす 의자

□ 何(なに／なん) 무엇

□ ぎゅうにゅう 우유

□ れいぞうこ 냉장고

□ 銀行 은행

□ 犬 개

□ ねこ 고양이

□ ええと 음

□ カフェ 카페

□ コンビニ 편의점

□ トイレ 화장실

□ ボールペン 볼펜

□ チケット 티켓

□ テレビ 텔레비전

□ ベッド 침대

□ パソコン 컴퓨터

ここはとしょかんです。

🎧 **16**

하루카는 하나에게 대학교를 안내해 주려고 한다. 우선 두 사람은 도서관으로 갔다.

はるか	ここは　としょかんです。
ハナ	韓国語の　本も　ありますか。
はるか	はい、あります。
ハナ	としょかんの　中には　ばいてんや　カフェは ありますか。
はるか	いいえ、ありません。
ハナ	え、そうですか。韓国の　としょかんには　あります。 あっ、あそこに　山田さんが　います。
はるか	えっ、どこですか。
ハナ	かいだんの　前です。

1 장소를 가리키는 지시사

ここ	そこ	あそこ	どこ
여기	거기	저기	어디

2 ある・いる 있다

있다	ある (무생물・식물)	いる (생물)
있습니다	あります	います
있습니까?	ありますか	いますか
없습니다	ありません	いません
없습니까?	ありませんか	いませんか

3 조사

- 「も」: ~도(같은 종류 또는 유사한 종류를 말할 때)
  예 日本語の　本も　あります。

- 「が」: ~이/가
  예 本が　あります。

- 「に」: ~에 (존재의 장소)
  예 教室に　先生が　います。

- 「や」: ~이나/이랑 (여러 개 있는 것 중에서 대표적인 것을 들어 열거)
  예 本や　ノートなどが　あります。

4 위치를 나타내는 명사

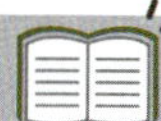

1   〜に　〜が　あります・います　~에 ~이/가 있습니다

- つくえの　上に　さいふが　あります。
- あそこに　日本語の　先生が　います。
- A：たてものの　中に　何が　ありますか。
  B：食堂や　ばいてんなどが　あります。
- A：教室に　だれが　いますか。
  B：山田さんが　います。

2   〜は　ありません・いません　~은/는 없습니다

- 学校の　前に　コンビニは　ありません。
- A：かばんの　中に　じしょは　ありますか。
  B：いいえ、じしょは　ありません。
- A：教室に　山下さんは　いますか。
  B：いいえ、山下さんは　いません。

3   〜は　〜にあります・います　~은 ~에 있습니다
**　〜は　〜です**　~은 ~입니다

- A：山田さんは　どこに　いますか。
  B：食堂に　います。
- A：トイレは　どこに　ありますか。
  B：かいだんの　左です。
- A：山下さんは　どこですか。
  B：教室です。

1　보기와 같이 쓰고 말해 봅시다.

> | 보기 | つくえの　上／ボールペン　→　つくえの　上に　ボールペンが　あります。 |
> | --- | --- |
> | | 教室／先生　　　　　　　　　　→　教室に　先生が　います。 |

① としょかんの　前／ばいてん

　→ _______________________________________

② 食堂／山田さん

　→ _______________________________________

③ いすの　下／かばん

　→ _______________________________________

④ 山下さんの　となり／田中さん

　→ _______________________________________

2　보기와 같이 쓰고 말해 봅시다.

> | 보기 | 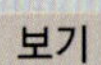 | つくえの　上／チケット |
> | --- | --- | --- |
> | | | A：つくえの　上に　何が　ありますか。 |
> | | | B：チケットが　あります。 |

① カメラ　　　　A：_______________________________________

　　　　　　　　B：_______________________________________

② ぎゅうにゅう　A：_______________________________________

　　　　　　　　B：_______________________________________

場所（ばしょ）

公園 공원	コンビニ 편의점	病院 병원	本屋 서점	美容院 미용실
こうえん		びょういん	ほんや	びよういん

③ 田中さん　**A**：＿＿＿＿＿＿＿＿＿＿＿＿＿＿＿＿＿＿＿＿＿

　　　　　　　B：＿＿＿＿＿＿＿＿＿＿＿＿＿＿＿＿＿＿＿＿＿

④ 犬　　　　**A**：＿＿＿＿＿＿＿＿＿＿＿＿＿＿＿＿＿＿＿＿＿

　　　　　　　B：＿＿＿＿＿＿＿＿＿＿＿＿＿＿＿＿＿＿＿＿＿

3　그림을 보고 말해봅시다.

보기

A：カメラは　どこに
　　ありますか。

B：テレビの　となりに
　　あります。

① かばん　**A**：＿＿＿＿＿＿＿＿＿＿＿＿＿＿＿＿＿＿＿＿＿＿＿

　　　　　　B：＿＿＿＿＿＿＿＿＿＿＿＿＿＿＿＿＿＿＿＿＿＿＿

② パソコン　**A**：＿＿＿＿＿＿＿＿＿＿＿＿＿＿＿＿＿＿＿＿＿＿

　　　　　　　B：＿＿＿＿＿＿＿＿＿＿＿＿＿＿＿＿＿＿＿＿＿＿

③ ノート　**A**：＿＿＿＿＿＿＿＿＿＿＿＿＿＿＿＿＿＿＿＿＿＿＿

　　　　　　B：＿＿＿＿＿＿＿＿＿＿＿＿＿＿＿＿＿＿＿＿＿＿＿

④ ねこ　　**A**：＿＿＿＿＿＿＿＿＿＿＿＿＿＿＿＿＿＿＿＿＿＿＿

　　　　　　B：＿＿＿＿＿＿＿＿＿＿＿＿＿＿＿＿＿＿＿＿＿＿＿

場所 (ばしょ)				
郵便局（ゆうびんきょく） 우체국	駅（えき） 역	バス停（てい） 버스정류장	スーパー 슈퍼	レストラン 레스토랑

4　CD를 듣고 밑줄에 일본어를 써 넣고 연습해 봅시다.　🎧17

A：山下さんと　田中さんは　＿＿＿＿＿＿＿に　＿＿＿＿＿＿か。

B：山下さんは　＿＿＿＿＿＿＿＿に　います。

田中さんは　＿＿＿＿＿＿＿＿＿＿に　います。

5　CD를 듣고 맞는 것에 ○표를 넣어 봅시다.　🎧18

① トイレは　どこですか。

　a. かいだんの　右　　　　　（　　）

　b. かいだんの　後ろ　　　　（　　）

　c. かいだんの　左　　　　　（　　）

② 山田さんは　どこに　いますか。

　a. かいだんの　下　　　　　（　　）

　b. かいだんの　前　　　　　（　　）

　c. かいだんの　となり　　　（　　）

젓가락으로 먹는 된장국

 일본에는 젓가락은 있지만 숟가락이 없다. 엄밀히 말하면 숟가락을 쓰기도 하지만, 그 모양도 우리나라와의 숟가락과는 전혀 다르고 사용되는 경우도 매우 제한적이다. 처음 일본의 식당에서 숟가락을 찾자 없다는 것이다. '별 일도 다 있네'라고 생각하며 슬금슬금 일본인들을 보니, 정말 젓가락질 하나는 예술이다. 샐러드에 들어 있는 조그만 완두콩조차도 흘리는 일 없이 잘도 집어 먹는다. 그러더니 일본 된장국(みそしる)를 그릇째 들어 올려서는 젓가락으로 우선 미역, 팽이버섯 등의 건더기를 건져 먹고 국물은 그릇을 입에 대고 후루룩 마시는 것이다. 사발 하나 가득 국을 담아 밥까지 말아 숟가락으로 퍽퍽 떠 먹는 우리로서는 그처럼 조신하게 먹는 모습이 참으로 답답해 보이기도 하지만, 밥도 공기째 손에 들고 젓가락으로 한 줌 한 줌 집어 먹는 모습에서 음식문화가 발달한 나라답게 음식을 즐기는 듯한 어떤 여유로움을 느낄 수 있다. 한편, 식당에서 여러 명이 함께 반찬을 먹을 때 자신의 젓가락의 위아래를 돌려 잡고 윗부분으로 반찬을 집어 앞에 놓인 조그만 개인접시에 덜어 놓고, 다시 젓가락을 바로 돌려 잡고 식사를 하는 일도 일본에서는 종종 볼수 있다.

 반면에 절대 피해야하는 젓가락문화가 있다. 젓가락질이 서투르다고 창으로 찍듯 꼭꼭 찍어먹으면 안되며, 맛있는 것을 나누어 먹는다 하여 젓가락으로 음식을 집어서 주고 받아도 안될 뿐더러, 젓가락을 밥에 꽂아 놓아서도 안된다.

▶ 필수 초급 한자

쓰는 순서 | 起 起 起 起 起 起 起 起 起 起

起
일어날 기

・**起きる** 일어나다　・**起床** 기상

쓰는 순서 | 立 立 立 立 立

立
설 립

・**立つ** 서다　・**設立** 설립

쓰는 순서 | 食 食 食 食 食 食 食 食 食

食
먹을 식

・**食べる** 먹다　・**食堂** 식당

▶ 가타카나 초급 단어

トイレ

コンビニ

チケット

03

すこし辛いですが、
おいしいですよ。

- メニューが　多いですね。
- おいしいのは　ありませんか。
- この　食堂は　ひろいですが、
  あかるく　ありません。
- いくらですか。

새로운 단어

〈본문〉

- すこし 조금, 약간
- 辛い 맵다
- おいしい 맛있다
- 多い 많다
- 200 200 (부록 146쪽 참조)
- 円 엔
- 安い 싸다
- あまり 그다지, 별로
- どう 어떻게
- いくら 얼마나
- いい 좋다

〈1단계〉

- あかい 빨갛다
- ください 주세요
- りんご 사과
- 高い 높다 / 비싸다
- ええ 네
- とても 매우

〈2단계〉

- 富士山 후지산

- へや 방
- 明るい 밝다
- ひろい 넓다
- 今日 오늘 (부록 149쪽 참조)
- 天気 날씨
- やさしい 다정하다, 상냥하다
- 白い 희다
- 恋人 연인
- むずかしい 어렵다
- おもしろい 재미있다
- せ 키
- 低い 낮다
- いもうと 여동생
- せが高い 키가 크다
- せが低い 키가 작다

〈3단계〉

- 重い 무겁다
- いらっしゃいませ 어서 오세요
- じゃあ 그럼
- これで 이것으로
- おねがいします 부탁합니다

- メニュー 메뉴
- ラーメン 라면
- カレー 카레
- セット 세트
- シャツ 셔츠
- メロン 멜론
- キムチ 김치
- ハンバーガー 햄버거
- コーヒー 커피

- パン 빵
- コーラ 콜라
- アイスクリーム 아이스크림
- ジュース 주스

19

하나와 하루카는 대학교 식당에서 함께 점심을 먹기로 했다.

ハナ	この　食堂は　メニューが　多いですね。
	えっ、ラーメンが　200円ですか。
はるか	安いですが、あまり　おいしく　ありません。
ハナ	何が　おいしいですか。
はるか	カレーは　どうですか。
	すこし　辛いですが、おいしいですよ。
ハナ	そうですか。いくらですか。
はるか	350円です。セットは　450円です。
ハナ	あ、セットが　いいですね。

1 い형용사

		보통체	정중체
현재 긍정	～い	おいしい	おいしいです
현재 부정	～くない	おいしく　ない	おいしく　ないです おいしく　ありません
명사 수식	～い ～く　ない	おいしい　キムチ おいしくない　パン	

＊「いい」의 부정 :「よく　ない」,「よく　ありません」

2 조사

- 「を」: ~을/를　　　　　　　예 あかい　シャツを　ください。

3 접속조사와 종조사

- 「が」: ~지만,~ 으나 (반대되는 두 문장을 연결할 때)
  예 この　りんごは　高いですが、おいしいです。

- 「ね」: ~지요, 군요 (자신의 생각을 상대방에게 확인하며 동의를 구하거나, 상대방의 의견에 동의할 때)
  예 ① A : すこし　高いですね。
  　　 B : ええ。そうですね。

  　② これは　とても　おいしいですね。

- 「よ」: ~야, ~요 (상대방에게 모르는 정보를 알려주거나 주장을 할 때)
  예 ① これは　安いですよ。

  　② ワンさんは　中国人ですよ。

1　～いです　　~합니다

- 富士山は　とても　高いです。
- アン：田中さんの　へやは　明るいですか。
  田中：はい、わたしの　へやは　明るいです。

2　～く　ないです／～く　ありません　　~하지 않습니다

- わたしの　へやは　ひろく　ありません。
- A：この　ネクタイは　高いですか。
  B：いいえ、あまり　高く　ないです。
- この　キムチは　辛く　ないです。

3　～い 명사　　~한

- 今日は　いい　天気ですね。
- 森さんは　やさしい　人です

4　～(です)が、　　~하지만,

- A：日本語は　むずかしいですか。
  B：ええ、むずかしいですが、おもしろいです。
- この　食堂は　ひろいですが、あかるく　ありません。
- キムさんは　せが　低いですが、いもうとさんは　せが　高いです。

5　いくらですか　　얼마입니까?

- A：メロンは　いくらですか。
  B：600円です。
- A：あちらの　あかい　シャツは　いくらですか。
  B：4500円です。

1 보기와 같이 쓰고 말해 봅시다.

> **보기**
>
> カレー／辛い
>
> **A** ：カレーは　辛いですか。
>
> **B1**：はい、辛いです。　　**B2**：いいえ、辛く　ありません。

① 食堂／ひろい

A ：＿＿＿＿＿＿＿＿＿＿＿＿＿＿＿＿＿＿＿＿＿＿＿＿＿＿＿＿

B1：＿＿＿＿＿＿＿＿＿＿＿＿＿　　**B2**：＿＿＿＿＿＿＿＿＿＿＿＿＿

② ネクタイ／高い

A ：＿＿＿＿＿＿＿＿＿＿＿＿＿＿＿＿＿＿＿＿＿＿＿＿＿＿＿＿

B1：＿＿＿＿＿＿＿＿＿＿＿＿＿　　**B2**：＿＿＿＿＿＿＿＿＿＿＿＿＿

③ 日本語／おもしろい

A ：＿＿＿＿＿＿＿＿＿＿＿＿＿＿＿＿＿＿＿＿＿＿＿＿＿＿＿＿

B1：＿＿＿＿＿＿＿＿＿＿＿＿＿　　**B2**：＿＿＿＿＿＿＿＿＿＿＿＿＿

④ へや／明るい

A ：＿＿＿＿＿＿＿＿＿＿＿＿＿＿＿＿＿＿＿＿＿＿＿＿＿＿＿＿

B1：＿＿＿＿＿＿＿＿＿＿＿＿＿　　**B2**：＿＿＿＿＿＿＿＿＿＿＿＿＿

2 보기와 같이 쓰고 말해 봅시다.

> **보기**
>
> 日本語／むずかしい／おもしろい
>
> **A**：日本語は　どうですか。
>
> **B**：日本語は　むずかしいですが、おもしろいです。

① この　食堂／高い／おいしい

A：＿＿＿＿＿＿＿＿＿＿＿＿＿＿＿＿＿＿＿＿＿＿＿＿＿＿＿＿＿

B：＿＿＿＿＿＿＿＿＿＿＿＿＿＿＿＿＿＿＿＿＿＿＿＿＿＿＿＿＿

食べ物（たべもの）

おにぎり 주먹밥	うどん 우동	牛丼 소고기덮밥 （ぎゅうどん）	ご飯 밥 （はん）	てんぷら 튀김

② この　カメラ／やすい／重い

A : _______________________________

B : _______________________________

③ キムチ／辛い／おいしい

A : _______________________________

B : _______________________________

④ この　パソコン／いい／高い

A : _______________________________

B : _______________________________

3　보기와 같이 쓰고 말해 봅시다.

보기　**A** : いらっしゃいませ。
B : ハンバーガーは　いくらですか。
A : 300円です。
B : じゃあ、これで　おねがいします。

ハンバーガー／300円

① **A** : _______________________________
B : _______________________________
A : _______________________________
B : _______________________________

コーヒー／250円

② **A** : _______________________________
B : _______________________________
A : _______________________________
B : _______________________________

パン／130円

食べ物（たべもの）

トンカツ 돈가스	みそ汁(しる) 된장국	そば 메밀국수	チャーハン 볶음밥	ハンバーガー 햄버거

③ **A** : _______________________________________

　　B : _______________________________________

　　A : _______________________________________

　　B : _______________________________________

コーラ／150円

④ **A** : _______________________________________

　　B : _______________________________________

　　A : _______________________________________

　　B : _______________________________________

ラーメン／400円

4　CD를 듣고 (　　　) 안에 **い형용사**를 적어 봅시다. 🎧 **20**

① キムさんは（　　　　　　　　）ですが、（　　　　　　　　）ありません。

② この　ジュースは（　　　　　　　）ですが、（　　　　　　　）ありません。

③ わたしの　へやは（　　　　　　　）ですが、（　　　　　　　）ありません。

5　CD를 듣고 (　　　) 안에 가격을 적어 봅시다. 🎧 **21**

①　カメラ
（　　　　　　　）

②　シャツ
（　　　　　　　）

③　ネクタイ
（　　　　　　　）

④　ノート
（　　　　　　　）

⑤　アイスクリーム
（　　　　　　　）

⑥　ジュース
（　　　　　　　）

따르릉 따르릉 비켜나세요

우리나라에 비해 일본의 도로는 매우 좁다. 그래서인지 소형차가 많으며 자전거를 많이 이용한다. 도시와 지역에 따라 부분적이기는 하지만 자전거 전용도로가 있는 곳도 있다. 그러나 대부분의 자전거는 인도로 다니는데, 우리 생각으로는 얼마나 위험할까 싶지만, 일본에서는 자전거 사고가 거의 없다. 이유는 간단하다. 보행자를 배려하는 마음을 우선시하기 때문이다. 우리나라 아이들이 어려서 신이 나서 부르는 동요 중에 「자전거」라는 것이 있다. "따르릉 따르릉 비켜나세요. 자전거가 나갑니다. 따르르르릉. 저기 가는 저 노인 조심하세요. 우물쭈물 하다가는 큰일납니다." 이 동요의 가사를 보면 가히 위협적이다. 이것이 우리와 일본인의 교통문화에 대한 의식의 차이점이다. 우리는 교통수단이 우선이기 때문에 벨을 울리며 보행자에게 빨리 비키라고, 안그러면 상대가 누구든 다친다고 위협을 한다. 그래서 꼭 벨을 울리며 신이 나서 달린다. 그러나 일본인들은 거의 벨을 울리지 않는다. 가능한 보행자가 알아서 비켜주도록 기다린다. 아니면 자전거가 비켜서 가던지, 그것도 여의치 않으면 자전거에서 내려 끌며 걸어 간다. 그래서 일본의 거리는 조용하다. 사고가 안나니 서로의 다툼 또한 없으니까.

▶ 필수 초급 한자

休
쉴 휴

쓰는 순서 | 休 休 休 休 休 休

· 休む 쉬다   · 休日 휴일

開
열 개

쓰는 순서 | 開 開 開 開 開 開 開 開 開 開 開 開

· 開ける 열다   · 開店 개점

作
지을 작

쓰는 순서 | 作 作 作 作 作 作 作

· 作る 만들다   · 作文 작문

▶ 가타카나 초급 단어

ラーメン

メロン

ジュース

04

どんな ところですか。

- 海が　とても　きれいです。
- いくつ　ありますか。
- あまり　しずかでは　ありません。
- けしきが　きれいな　ところです。

〈본문〉

- どんな 어떤
- ところ 곳, 장소
- 車 자동차
- ふるさと 고향
- 私 저, 나
- 家 집
- おきなわ 오키나와(일본지명)
- 海 바다
- きれいだ 아름답다, 예쁘다 / 깨끗하다
- かんこうきゃく 관광객
- しずかだ 조용하다
- 大学 대학
- もちろん 물론
- 8つ 8개 (부록 146쪽 참조)

〈1단계〉

- いくつ 몇 개

- ソウル 서울
- ビル 빌딩
- レストラン 레스토랑
- ソーセージ 소시지
- バナナ 바나나
- レモン 레몬
- ビール 맥주

- 子ども 아이

〈2단계〉

- 歌手 가수
- 有名だ 유명하다
- けしき 경치
- 上手だ 잘하다, 능숙하다
- にぎやかだ 번화하다, 활기차다
- 何人 몇 명
- ひとり 한 명 (부록 146쪽 참조)
- 時計 시계
- ひとつ 한 개 (부록 146쪽 참조)

〈3단계〉

- 元気だ 건강하다, 활달하다
- まじめだ 성실하다
- べんりだ 편리하다
- ふたつ 두 개

🎧 **22**

하나와 하루카는 서로의 고향 이야기를 나눈다.

はるか	ハナさん、ソウルは　どんな　ところですか。
ハナ	高い　ビルや　車が　多いです。
	はるかさんの　ふるさとは　どこですか。
はるか	私の　家は　おきなわです。
	海が　とても　きれいです。
ハナ	かんこうきゃくが　多いでしょう。
はるか	ええ、かんこうきゃくは　多いですが、
	しずかな　ところです。
ハナ	おきなわにも　大学が　ありますか。
はるか	ええ、もちろんです。8つも　ありますよ。

1 な형용사

		보통체	정중체
현재 긍정	～だ	しずかだ	しずかです
현재 부정	～では　ない ～じゃ　ない	しずかでは　ない しずかじゃ　ない	しずかでは　ありません しずかじゃ　ありません
명사 수식	～な ～じゃ　ない	しずかな　教室 しずかじゃ　ない　教室 ＊同じ　教室	

＊ 부정「では　ない」형태로 명사를 수식하지만, 회화체 표현에서는「じゃ　ない」형태를 많이 쓴다.

＊「同じだ」는 명사 수식할 때「～な」없이 사용한다.

2 조사

- 「も」: ~도, ~나 (수나 양을 표현하는 단어를 연결하여 매우 많거나 적음을 말할 때)

  예 おきなわに　大学が　八つも　あります。

  　教室に　時計は　一つも　ありません。

3 でしょう　　~이겠지요 (상대방에게 확인하거나 추측할 때)

- A : としょかんは　しずかでしょう。(╱)확인

  B : ええ。しずかです。
- あしたは　いい　天気でしょう。(╲)추측

4 いくつ　　몇 개 (개수 등을 물을 때)

- A : パンは　いくつ　ありますか。

  B : 5つ　あります。
- A : パンは　いくつ　ありますか。

  B : 7つ　あります。

1 ～です　~합니다

- 森さんの　へやは　きれいです。
- あの　歌手は　有名です。
- はるかさんは　いつも　元気です。

2 ～では（じゃ）ありません　~하지 않습니다

- 日本語は　上手じゃ　ありません。
- 私の　ふるさとは　にぎやかじゃ　ありません。
- A：この　レストランは　しずかですか。
  B：いいえ、あまり　しずかでは　ありません。

3 ～な　~한

- けしきが　きれいな　ところです。
- かんこうきゃくが　多いですが、**しずかな**　ところです。
- 山田さんは　**まじめな**　人です。

4 ～に　～が　いくつ　ありますか　~에 ~이/가 몇 개 있습니까?
　　　　　　　何人　いますか　~에 ~이/가 몇 명 있습니까?

- A：教室に　学生が　何人　いますか。
  B：ひとり　います。
- A：へやに　時計が　いくつ　ありますか。
  B：時計は　ひとつも　ありません。

5 ～でしょう　~이겠지요 (확인)

- A：この　かばんは　山下さんのでしょう。(↗)
  B：はい、そうです。
- A：この　ソーセージ、おいしいでしょう。(↗)
  B：ええ、おいしいですよ。

1 보기와 같이 쓰고 말해 봅시다.

> 보기
>
> 元気だ
> キムさんは　元気な　人です。

① 有名だ　　　→　富士山は　＿＿＿＿＿＿＿＿　山です。

② にぎやかだ　　→　ソウルは　＿＿＿＿＿＿＿＿　ところです。

③ しずかだ　　　→　私の　ふるさとは　＿＿＿＿＿＿＿＿　ところです。

④ まじめだ　　　→　スヤンさんは　＿＿＿＿＿＿＿＿　人です。

2 보기와 같이 쓰고 말해 봅시다.

> 보기　ソウル／にぎやかだ
>
> A　：ソウルは　にぎやかですか。
> B1：はい、にぎやかです。
> B2：いいえ、あまり　にぎやかでは（じゃ）ありません。

① この　レストラン／有名だ

A　：＿＿＿＿＿＿＿＿＿＿＿＿＿＿＿＿＿＿＿＿＿＿＿＿

B1：＿＿＿＿＿＿＿＿＿＿＿＿＿＿＿＿＿＿＿＿＿＿＿＿

B2：＿＿＿＿＿＿＿＿＿＿＿＿＿＿＿＿＿＿＿＿＿＿＿＿

② 田中さん／テニスが　上手だ

A　：＿＿＿＿＿＿＿＿＿＿＿＿＿＿＿＿＿＿＿＿＿＿＿＿

B1：＿＿＿＿＿＿＿＿＿＿＿＿＿＿＿＿＿＿＿＿＿＿＿＿

B2：＿＿＿＿＿＿＿＿＿＿＿＿＿＿＿＿＿＿＿＿＿＿＿＿

果物（くだもの）

りんご 사과	みかん 귤	ぶどう 포도	すいか 수박	マンゴー 망고

③ 教室／しずかだ

A ：＿＿＿＿＿＿＿＿＿＿＿＿＿＿＿＿＿＿＿＿＿＿＿＿＿

B1 ：＿＿＿＿＿＿＿＿＿＿＿＿＿＿＿＿＿＿＿＿＿＿＿＿

B2 ：＿＿＿＿＿＿＿＿＿＿＿＿＿＿＿＿＿＿＿＿＿＿＿＿

④ この　パソコン／べんりだ

A ：＿＿＿＿＿＿＿＿＿＿＿＿＿＿＿＿＿＿＿＿＿＿＿＿＿

B1 ：＿＿＿＿＿＿＿＿＿＿＿＿＿＿＿＿＿＿＿＿＿＿＿＿

B2 ：＿＿＿＿＿＿＿＿＿＿＿＿＿＿＿＿＿＿＿＿＿＿＿＿

3　보기와 같이 쓰고 말해 봅시다.

> 보기　つくえの　上／バナナ／ふたつ
>
> A：つくえの　上に　何が　ありますか。
> B：バナナが　あります。
> A：いくつ　ありますか。
> B：ふたつ　あります。

① つくえの　上／ボールペン／4つ

A ：＿＿＿＿＿＿＿＿＿＿＿＿＿＿＿＿＿＿＿＿

B ：＿＿＿＿＿＿＿＿＿＿＿＿＿＿＿＿＿＿＿＿

A ：＿＿＿＿＿＿＿＿＿＿＿＿＿＿＿＿＿＿＿＿

B ：＿＿＿＿＿＿＿＿＿＿＿＿＿＿＿＿＿＿＿＿

② れいぞうこの　中／レモン／5つ

A ：＿＿＿＿＿＿＿＿＿＿＿＿＿＿＿＿＿＿＿＿

B ：＿＿＿＿＿＿＿＿＿＿＿＿＿＿＿＿＿＿＿＿

A ：＿＿＿＿＿＿＿＿＿＿＿＿＿＿＿＿＿＿＿＿

B ：＿＿＿＿＿＿＿＿＿＿＿＿＿＿＿＿＿＿＿＿

果物（くだもの）

| 梨 배 | 柿 감 | 桃 복숭아 | 梅 매실 | ブルーベリー 블루베리 |
| なし | かき | もも | うめ | |

③ テレビの　前／カメラ／ひとつ

A：____

B：____

A：____

B：____

④ いすの　下／かばん／３つ

A：____

B：____

A：____

B：____

4　CD를 듣고 (　　) 안에 숫자를 적어 봅시다. 🎧23

① れいぞうこの　中に　ビールが（　　　　）、コーラが（　　　　）あります。
② つくえの　上に　ボールペンが（　　　　）、ノートが（　　　　）あります。
③ 教室に　つくえが（　　　　）、いすが（　　　　）あります。

5　CD를 듣고 설명이 맞는 그림에는 ○표, 틀린 그림에는 ×표를 넣어봅시다. 🎧24

①　きれいだ　　　　　②　有名だ　　　　　③　にぎやかだ

（　　　　　）　　　　（　　　　　）　　　　（　　　　　）

④　しずかだ　　　　　⑤　まじめだ

（　　　　　）　　　　（　　　　　）

예쁜 도시락

일본의 도시락은 세계적으로 유명하다. 맛도 맛이지만 보기만 해도 군침이 살살 돌게 사람의 눈을 유혹하는 예쁜 도시락. 비단, 파는 도시락 뿐 아니라 가정에서 싸는 도시락 조차 그들은 무척 신경을 쓴다. 저자의 아이가 다니던 보육원(우리나라의 어린이집에 해당됨)에서는 한 달에 한 번은 도시락을 싸오게 하였는데, 그 때마다 아내는 몹시 신경을 썼던 생각이 난다. 보육원에서 예쁘고 기발한 도시락을 뽑아 사진을 찍고 보육원 벽에 전시를 하여 엄마들이 참고로 하도록 한다는 거다. 그래서 때로는 뽑힌 엄마에게 전화로 문의도 하는 모양이었다.

그들의 도시락이 발달한 이유 중 하나는 음식 냄새 때문일 것이다. 마늘을 사용하지 않는 음식이다 보니 우리나라 음식처럼 냄새가 나지 않기 때문에 모양만을 신경쓰면 되는 것이다.

일본 TV에 가끔 지방을 소개하는 프로를 보면, 에키벤(駅弁)을 다루곤 한다. '에키벤'이란 그 지역에서의 특산물로 만들어 기차역에서 파는 도시락으로 그 지방의 특색이 물씬 풍기며 여행자의 눈과 입을 즐겁게 해준다. 그래서 여행에서 돌아오는 사람들은 가족을 위해 특산물인 '에키벤'을 선물로 사들고 가기도 한다.

▶ 필수 초급 한자

来	쓰는 순서 ㅣ 来　来　来　来　来　来　来
올 래	・来る 오다　　・来韓 내한

待	쓰는 순서 ㅣ 待　待　待　待　待　待　待　待　待
기다릴 대	・待つ 기다리다　　・期待 기대

持	쓰는 순서 ㅣ 持　持　持　持　持　持　持　持　持
가질 지	・持つ 가지다, 들다　　・所持 소지

▶ 가타카나 초급 단어

ビル			

バナナ			

レモン			

05 気持ちよくて、最高でした。

- 楽しかったですか。
- おんせんが　気持ちよくて　最高でした。
- あまり　さむく　ありませんでした。
- さくらが　きれいでしょう。

〈본문〉

- **気持ち** (きもち) 기분
- **最高** (さいこう) 최고
- **北海道** (ほっかいどう) 홋카이도(일본지명)
- りょこう 여행
- しゃしん 사진
- **楽しい** (たの) 즐겁다
- りょうり 요리
- とくに 특히
- おんせん 온천
- さむい 춥다
- ずっと 계속, 쭉
- ところで 그런데
- さくら 벚꽃
- まだ 아직
- はやい 이르다
- **5月** (ごがつ) 5월 (부록 148쪽 참조)

〈1단계〉

- おおぜい 많이

〈2단계〉

- **朝** (あさ) 아침
- **昨日** (きのう) 어제
- **忙しい** (いそが) 바쁘다
- むかし 옛날

- あたり 근처
- **中村** (なかむら) 나카무라(일본인의 성)
- **新しい** (あたら) 새롭다
- えき 역
- **近い** (ちか) 가깝다
- くつ 신발
- **小さい** (ちい) 작다
- **足** (あし) 발, 다리
- いたい 아프다
- こんど 이번 / 다음
- あね 누나, 언니
- しゅふ 주부
- **母親** (ははおや) 어머니
- **大学院生** (だいがくいんせい) 대학원생
- しゅみ 취미
- **野球** (やきゅう) 야구
- **学生かいかん** (がくせい) 학생회관
- あした 내일
- **日曜日** (にちようび) 일요일 (부록 148쪽 참조)
- ゆうえんち 유원지, 놀이공원

〈3단계〉

- あまい 달다
- かわいい 귀엽다

- ホテル 호텔
- サッカー 축구
- パーティー 파티
- トンカツ 돈가스
- ケーキ 케이크

🎧 25

3월에 홋카이도 여행을 다녀온 하루카는, 하나에게 사진을 보여주며 이야기하고 있다.

はるか	これは　北海道　りょこうの　しゃしんです。
ハナ	わぁ、けしきが　きれいですね。楽しかったですか。
はるか	はい。ホテルも　きれいで、 りょうりも　おいしかったです。 とくに、おんせんが　気持ちよくて、最高でした。
ハナ	さむく　なかったですか。
はるか	ずっと　いい　天気で、 あまり　さむく　ありませんでした。
ハナ	ところで、北海道も　さくらが　多いですか。
はるか	はい、多いですが、まだ　はやいです。 さくらは　5月でしょう。

1 い형용사의 과거 / 과거부정

기본형		～い	おもしろい
과거 긍정	보통체	～かった	おもしろかった
	정중체	～かったです	おもしろかったです
과거 부정	보통체	～く　なかった	おもしろく　なかった
	정중체	～く　なかったです	おもしろく　なかったです
		～く　ありませんでした	おもしろく　ありませんでした

예 A：人は　おおぜい　いましたか。
　　B：いいえ、あまり　多く　ありませんでした。

2 な형용사의 과거 / 과거부정

기본형		～だ	しずかだ
과거 긍정	보통체	～だった	しずかだった
	정중체	～でした	じずかでした
과거 부정	보통체	～では　なかった	しずかでは　なかった
		～じゃ　なかった	しずかじゃ　なかった
	정중체	～では　ありませんでした	しずかでは　ありませんでした
		～じゃ　ありませんでした	しずかじゃ　ありませんでした

3 くて／で　~이고, 고(병렬), ~해서(이유)

① ~이고, ~고 (병렬)
　예 おいしくて　やすいです。
　　　家は　しずかで　きれいです。

② ~해서 (이유)
　예 あの　カフェは　しずかで　よかったです。

～くて	い형용사くて	おもしろくて
～で	な형용사で	しずかで
	명사で	一年生で

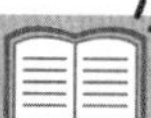

1　い・な형용사의 과거　~했습니다 / ~하지 않았습니다

- 今日の　朝は　さむく　なかったです。
- A：昨日は　忙しかったですか。
  B：いいえ、忙しく　ありませんでした。
- むかし、この　あたりは　にぎやかでした。
- 中村さんは　あまり　元気では　ありませんでした。

2　い・な형용사　くて／で　~해서, ~하고

- A：新しい　家は　どうですか。
  B：えきが　近くて　べんりです。
- くつが　小さくて、足が　いたいです。
- こんどの　りょこうは　ホテルが　きれいで　よかったです。
- この　料理は　安くて　おいしいです。

3　명사　で　~이고

- あねは　しゅふで、母親で、大学院生です。
- 山田さんの　しゅみは　サッカーで、田中さんの　しゅみは　野球です。
- これは　としょかんで、あれは　学生かいかんです。

4　~でしょう　~이겠지요 (추측)

- 北海道の　5月は　さくらが　きれいでしょう。(↘)
- あしたは　いい　天気でしょう。(↘)
- 日曜日の　ゆうえんちは　人が　多いでしょう。(↘)

1　보기와 같이 쓰고 말해 봅시다.

> 보기　昨日／忙しい
>
> **A** ：昨日は　忙しかったですか。
> **B1**：はい、忙しかったです。
> **B2**：いいえ、忙しく　ありませんでした。

① りょこう／楽しい
A ：＿＿＿＿＿＿＿＿＿＿＿＿＿＿＿＿＿＿＿＿
B1：＿＿＿＿＿＿＿＿＿＿＿＿＿＿＿＿＿＿＿＿
B2：＿＿＿＿＿＿＿＿＿＿＿＿＿＿＿＿＿＿＿＿

② パーティー／おもしろい
A ：＿＿＿＿＿＿＿＿＿＿＿＿＿＿＿＿＿＿＿＿
B1：＿＿＿＿＿＿＿＿＿＿＿＿＿＿＿＿＿＿＿＿
B2：＿＿＿＿＿＿＿＿＿＿＿＿＿＿＿＿＿＿＿＿

③ トンカツ／おいしい
A ：＿＿＿＿＿＿＿＿＿＿＿＿＿＿＿＿＿＿＿＿
B1：＿＿＿＿＿＿＿＿＿＿＿＿＿＿＿＿＿＿＿＿
B2：＿＿＿＿＿＿＿＿＿＿＿＿＿＿＿＿＿＿＿＿

④ おんせん／いい
A ：＿＿＿＿＿＿＿＿＿＿＿＿＿＿＿＿＿＿＿＿
B1：＿＿＿＿＿＿＿＿＿＿＿＿＿＿＿＿＿＿＿＿
B2：＿＿＿＿＿＿＿＿＿＿＿＿＿＿＿＿＿＿＿＿

2　보기와 같이 쓰고 말해 봅시다.

> 보기　富士山／きれいだ
>
> **A** ：富士山は　きれいでしたか。
> **B1**：はい、きれいでした。
> **B2**：いいえ、きれいでは　ありませんでした。

味（あじ）				
濃い 진하다	薄い 싱겁다	おいしい 맛있다	まずい 맛없다	辛い 맵다

① としょかん／しずかだ　　　A：＿＿＿＿＿＿＿＿＿＿＿＿＿＿＿＿

　　　　　　　　　　　　　　　　B1：＿＿＿＿＿＿＿＿＿＿＿＿＿＿＿＿

　　　　　　　　　　　　　　　　B2：＿＿＿＿＿＿＿＿＿＿＿＿＿＿＿＿

② ソウル／にぎやかだ　　　　A：＿＿＿＿＿＿＿＿＿＿＿＿＿＿＿＿

　　　　　　　　　　　　　　　　B1：＿＿＿＿＿＿＿＿＿＿＿＿＿＿＿＿

　　　　　　　　　　　　　　　　B2：＿＿＿＿＿＿＿＿＿＿＿＿＿＿＿＿

③ キムさん／元気だ　　　　　A：＿＿＿＿＿＿＿＿＿＿＿＿＿＿＿＿

　　　　　　　　　　　　　　　　B1：＿＿＿＿＿＿＿＿＿＿＿＿＿＿＿＿

　　　　　　　　　　　　　　　　B2：＿＿＿＿＿＿＿＿＿＿＿＿＿＿＿＿

④ 田中さん／まじめだ　　　　A：＿＿＿＿＿＿＿＿＿＿＿＿＿＿＿＿

　　　　　　　　　　　　　　　　B1：＿＿＿＿＿＿＿＿＿＿＿＿＿＿＿＿

　　　　　　　　　　　　　　　　B2：＿＿＿＿＿＿＿＿＿＿＿＿＿＿＿＿

3　보기와 같이 쓰고 말해 봅시다.

> **보기**　この　へや／ひろい／あかるい
> A：この　へやは　どうですか。
> B：ひろくて　あかるいです。

① あの　ケーキ／あまい／おいしい　　A：＿＿＿＿＿＿＿＿＿＿＿＿＿＿

　　　　　　　　　　　　　　　　　　　　B：＿＿＿＿＿＿＿＿＿＿＿＿＿＿

② この　食堂／にぎやかだ／ひろい　　A：＿＿＿＿＿＿＿＿＿＿＿＿＿＿

　　　　　　　　　　　　　　　　　　　　B：＿＿＿＿＿＿＿＿＿＿＿＿＿＿

③ キムさん／元気だ／おもしろい　　　A：＿＿＿＿＿＿＿＿＿＿＿＿＿＿

　　　　　　　　　　　　　　　　　　　　B：＿＿＿＿＿＿＿＿＿＿＿＿＿＿

④ 森さんの　犬／小さい／かわいい　　A：＿＿＿＿＿＿＿＿＿＿＿＿＿＿

　　　　　　　　　　　　　　　　　　　　B：＿＿＿＿＿＿＿＿＿＿＿＿＿＿

味（あじ）				
甘い（あま） 달다	しょっぱい 짜다	酸っぱい（す） 시다	苦い（にが） 쓰다	香ばしい（こう） 고소하다

4 CD를 듣고 (　　) 안에 형용사를 적어 봅시다.　🎧 **26**

① ミョンドンは　人が（　　　　　）、（　　　　　）です。
② ここは　えきが（　　　　　）、（　　　　　）です。
③ としょかんは（　　　　　）、（　　　　　）です。

5 CD를 듣고 a, b 중 내용에 맞는다고 생각하는 것에 ◯표를 넣어 봅시다.　🎧 **27**

① a　　　　b　　　　　　② a　　　　b

（　　　　　）　（　　　　　）　　　（　　　　　）　（　　　　　）

③ a　　　　b　　　　　　④ a　　　　b

（　　　　　）　（　　　　　）　　　（　　　　　）　（　　　　　）

무엇을 위하여 경적을 울리나?

한국을 방문한 일본인들에게 한국에 대한 인상을 물어보았을 때 반드시 언급되는 것이 있다. 마치 자동차 경주를 하듯 수시로 차선을 바꾸는 곡예운전과 자동차의 경적소리에 놀란다는 것이다. 차가 달려도 빵빵! 차가 서있어도 빵빵! 너무 시끄럽고 신경이 쓰여 운전이 제대로 되겠느냐며 갸우뚱한다. 그렇다. 일본의 도로는 조용하다. 좀처럼 교통순경을 찾아 볼 수도 없고, 운전자들끼리 시비를 벌이며 멱살을 잡는 일도 거의 없다. 일본인들은 앞차가 서 있다 하더라도 경적을 울리기 전에 전체적인 교통상황을 판단하고자 하는 것 같다. 그리고 일단은 먼저 양보하고자 한다. 이러한 마음으로 운전을 하니 신경질적으로 경적을 울려댈 일도 없고 좀처럼 문제도 생기지 않는 것이다. 그러다 보니 일본에서의 경적은 우리와 다른 용도로 사용되는 경우가 있다.

유학시절 저자는 동네의 좁은 길에서 다른 차와 마주친 일이 있다. 매너 좋은(?) 저자는 얼른 차를 뒤로 빼주고 마주 서 있는 차를 먼저 보내주며 아주 흐뭇한 표정을 짓고 있었다. 그 일본인이 고맙다고 인사를 하면 멋있게 손을 흔들어 주어야지 하며, 그 짧은 순간 작은 각본까지 쓰면서 기다렸는데 이 괘씸한 일본인이 손을 들어 인사를 하기는 커녕 지나가며 경적을 '빵'하고 울려대는 게 아닌가? 적반하장도 유분수지, 순간 너무 화가 났으나 나중에 알고 보니 일본에서는 고맙다는 표시로 경적을 가볍게 울려준다는 것이었다. 같은 용도로 만들어진 경적이 반대의 용도로 사용되고 있었던 것이다.

▶ 필수 초급 한자

<table>
<tr><td rowspan="2">送
보낼 송</td><td>쓰는 순서 | 送 送 送 送 送 送 送 送 送</td></tr>
<tr><td>・送る 보내다 （おく）　・送金 송금 （そうきん）</td></tr>
</table>

<table>
<tr><td rowspan="2">借
빌릴 차</td><td>쓰는 순서 | 借 借 借 借 借 借 借 借 借 借</td></tr>
<tr><td>・借りる 빌리다 （か）　・借金 빌린 돈, 빚 （しゃっきん）</td></tr>
</table>

<table>
<tr><td rowspan="2">貸
빌려 줄 대</td><td>쓰는 순서 | 貸 貸 貸 貸 貸 貸 貸 貸 貸 貸 貸 貸</td></tr>
<tr><td>・貸す 빌려주다 （か）　・賃貸 임대 （ちんたい）</td></tr>
</table>

▶ 가타카나 초급 단어

ホテル			

サッカー			

ケーキ			

勉強より運動の ほうがとくいです。

- サッカーと　野球と　どちらが　好きですか。
- サッカーの　ほうが　好きです。
- 母ほど　上手じゃ　ありません。
- サッカーが　いちばん　好きです。

〈본문〉

□ 勉強(べんきょう) 공부

□ 運動(うんどう) 운동

□ ほう ~쪽, ~편

□ とくいだ 잘하다, 특기다, 자신있다

□ こちら 이쪽

□ ~部(ぶ) ~부, 써클

□ たくや 다쿠야(일본인의 이름)

□ くん ~군

□ こんにちは 안녕하세요(점심 인사)

□ 服(ふく) 옷

□ すてきだ 멋지다, 근사하다

□ れんしゅう 연습

□ たいへんだ 힘들다, 큰일이다

□ ぼく 나, 저(남성어)

□ だから 그러니까

□ 毎日(まいにち) 매일

□ どちら 어느 쪽

□ 好(す)きだ 좋아하다

□ 母(はは) 엄마

〈1단계〉

□ そちら 그쪽

□ あちら 저쪽

□ でも 하지만

□ 英語(えいご) 영어

□ 同(おな)じだ 같다

□ いちばん 가장

□ 地下鉄(ちかてつ) 지하철

□ かなり 상당히, 꽤

□ ぜんぜん 전혀

□ 下手(へた)だ 못하다, 서툴다

□ きらいだ 싫어하다

〈2단계〉

□ 歌(うた) 노래

□ くだもの 과일

□ もも 복숭아

□ にんじん 당근

〈3단계〉

□ 夏(なつ) 여름 (부록 149쪽 참조)

□ 冬(ふゆ) 겨울

□ 大阪(おおさか) 오사카(일본지명)

□ 京都(きょうと) 교토(일본지명)

□ 親切(しんせつ)だ 친절하다

□ きせつ 계절

□ いつ 언제

□ 春(はる) 봄

□ バス 버스

□ オレンジ 오렌지

□ スポーツ 스포츠

□ プルコギ 불고기

□ カンウォンド 강원도

28

하루카는 하나에게 축구부 활동을 하는 다쿠야를 소개한다.

はるか	こちらは　サッカー部の　たくやくんです。
	私の　友だちです。
ハナ	こんにちは。サッカー部の　服は　すてきですね。
	れんしゅうは　たいへんじゃ　ありませんか。
たくや	ぼくは　勉強より　運動の　ほうが　とくいです。
	だから、毎日　楽しいですよ。
	ハナさんは　サッカーと　野球と　どちらが　好きですか。
ハナ	私は　サッカーの　ほうが　好きです。
はるか	そうですか。ハナさんの　しゅみは　何ですか。
ハナ	私の　しゅみは　りょうりです。
	母ほど　上手じゃ　ありませんが、
	韓国りょうりは　とくいです。

1 방향를 가리키는 지시사

① こちら ② （こっち）	そちら （そっち）	あちら （あっち）	どちら （どっち）
이쪽	그쪽	저쪽	어느 쪽

* ①, ② 모두 방향을 나타내는 지시사로 의미는 같으나, ②보다 ①이 정중한 느낌을 준다.

2 조사

- 「より」: ~보다.
  예 バナナより　りんごの　ほうが　おいしいです。

- 「ほど」: ~만큼. 부정문에 쓰인다. 동등한 수준을 놓고 비교할 때
  예 キムさんは　日本語も　上手です。でも、英語ほど　上手じゃ　ありません。

- 「と」: ~와/과.
  ① 병렬　　　　　　　　　　　예 バナナと　りんごを　ください。
  ② 비교의 대상　　　　　　　　예 これは　あれと　同じです。

3 정도를 나타내는 부사

- いちばん　가장　　　　　예 地下鉄が　いちばん　はやいです。
- かなり　꽤　　　　　　　예 かなり　人が　多いですね。
- あまり　그다지　　　　　예 あまり　おいしく　ありません。
- ぜんぜん　전혀　　　　　예 ぜんぜん　おもしろく　ありません。

4 〜が　~을/를

- 「が」조사는 上手だ(잘하다)・下手だ(서툴다)・好きだ(좋아하다)・きらいだ(싫어하다)・得意だ(잘하다)의 대상이 되는 명사에 연결될 때는 「을/를」의 의미로 쓰인다.
  예 サッカーが　上手です。

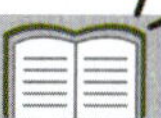

1 **～より** ~보다 (~합니다) ／ **～ほど** ~만큼(~하지 않습니다)

- 中国語は　日本語**より**　むずかしいです。
- 日本語は　中国語**ほど**　むずかしくありません。
- 地下鉄の　ほうが　バス**より**　べんりです。
- バスは　地下鉄**ほど**　べんりじゃ　ありません。

2 **～と　～と　どちらが　～ですか** ~와/과 ~ 중 어느 쪽이 ~합니까?

- A：日本語**と**　英語**と**　**どちらが**　むずかしい**ですか**。
  B：日本語より　英語の　ほうが　むずかしいです。
- A：バス**と**　地下鉄**と**　**どちらが**　べんり**ですか**。
  B：地下鉄の　ほうが　べんりです。
- A：中村さん**と**　山田さん**と**　**どちらが**　まじめ**ですか**。
  B：どちらも　まじめですが、中村さんの　ほうが　まじめです。

3 **～で　～が　いちばん　～ですか** ~에서 ~이/가 가장 ~합니까?

- A：日本で　どこが　**いちばん**　さむいですか。
  B：北海道が　いちばん　さむいです。
- A：スポーツでは　何**が**　いちばん　好き**ですか**。
  B：サッカーが　いちばん　好きです。

4 **～が　上手だ・下手だ** ~을/를 잘한다・서툴다
～が　好きだ・きらいだ ~을/를 좋아한다・싫어한다

- キムさんは　歌が　**上手です**。
- 中村さんは　韓国語が　**上手です**。でも、中国語は　**下手です**。
- 私は　くだものが　**好き**ですが、ももは　好きじゃ　ありません。
- 子どもの　とき、にんじんが　**きらい**でした。

1 보기와 같이 쓰고 말해 봅시다.

> **보기**
> 中国語／日本語／やさしい
> A：中国語と　日本語と　どちらが　やさしいですか。
> B：中国語より　日本語の　ほうが　やさしいです。

① 夏／冬／好きだ

A：____

B：____

② 大阪／京都／ひろい

A：____

B：____

③ ソウル／北海道／さむい

A：____

B：____

④ 犬／ねこ／かわいい

A：____

B：____

2 보기와 같이 쓰고 말해 봅시다.

> **보기**　ソウル／大阪／暑い
> A：ソウルは　大阪より　暑いですか。
> B：ソウルも　暑いですが、大阪ほど　暑く　ありません。

① キムさん／森さん／親切だ

A：____

B：____

② 英語／日本語／おもしろい

A：____

B：____

> スポーツ
>
> | 水泳 수영 | 釣り 낚시 | 野球 야구 | 剣道 검도 | ダンス 댄스 |
> | --- | --- | --- | --- | --- |
> | すいえい | つ | やきゅう | けんどう | |

③ パクさん／キムさん／やさしい

A : ____

B : ____

④ ラーメン／カレー／おいしい

A : ____

B : ____

3 보기와 같이 쓰고 말해 봅시다.

① スポーツ／何／上手だ／サッカー

A : ____

B : ____

② 韓国りょうり／何／好きだ／プルコギ

A : ____

B : ____

③ 韓国／どこ／さむい／カンウォンド

A : ____

B : ____

④ きせつ／いつ／好きだ／春

A : ____

B : ____

> スポーツ

| ヨガ 요가 | スキー 스키 | テニス 테니스 | ゴルフ 골프 | ボーリング 볼링 |

4 CD를 듣고 (   ) 안에 적어 봅시다.　🎧 **29**

① 中村さん（　　　　　　）、田中さんの（　　　　　　　　　　　　）。
② スポーツの　中で、（　　　　　　　　　　　　　　　　　　　　　　　）。
③ バスは（　　　　　　　　　　　　　　　　　　　　　　　　　　　　　）。

5 CD를 듣고 a,b 중 내용에 맞는다고 생각하는 것에 ○표를 넣어 봅시다.　🎧 **30**

① a 　　　　　　b 　　　　　　　② a 　　　　　　b

（　　　　　　）　（　　　　　　）　　　（　　　　　　）　（　　　　　　）

③ a 　　　　　　b 　　　　　　　④ a 　　　　　　b

（　　　　　　）　（　　　　　　）　　　（　　　　　　）　（　　　　　　）

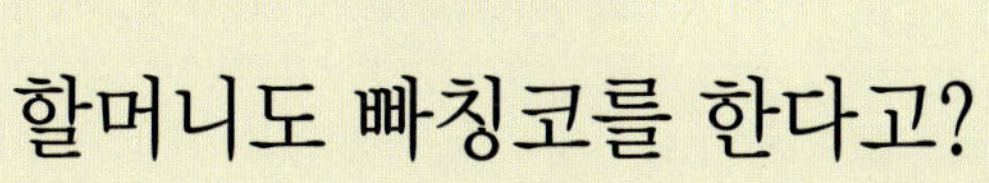

할머니도 빠칭코를 한다고?

일본인의 대표적인 오락물은 가라오케 박스(カラオケボックス)와 빠칭코(パチンコ) 일 것이다. 가라오케 박스는 우리나라의 노래방을 일컫는 것으로서 가라오케에서 한 단계 발전한 타입이다. 가라오케란 일본어의 'から(空, 비다)'와 영어의 'Orchestra'를 합성하여 만든 단어로 '노래는 들어있지 않고 오케스트라(연주)만 있다'란 뜻이다. 최근에는 술집은 물론 자그만 찻집에서부터 식당에까지 가라오케 시설을 해놓고 손님을 끌고 있으며 가정에서도 집안에 설치해놓고 즐기는 가족이 많다고 한다.

그리고 일본의 큰 거리를 다니다 보면 빠칭코(パチンコ)라고 쓰여진 현란한 간판을 자주 보게 된다. 사행심을 조장시킨다 하여 우려의 목소리도 높지만, 좋은 자리를 차지하려고 긴 줄을 이루어 기다리는 광경도 볼 수 있다. 더욱이 그 대열에는 환갑이 넘은 할머니의 모습이 보이기도 하니, 일본에서의 빠칭코의 인기가 어느 정도인가를 미루어 짐작할수 있다.

▶ 필수 초급 한자

書	쓰는 순서 ┃ 書 書 書 書 書 書 書 書 書 書

書
쓸 서

· **書く** 쓰다　　· **書店** 서점

話	쓰는 순서 ┃ 話 話 話 話 話 話 話 話 話 話 話 話 話

話
이야기 화

· **話す** 이야기하다　　· **会話** 회화

飮	쓰는 순서 ┃ 飮 飮 飮 飮 飮 飮 飮 飮 飮 飮 飮 飮

飮
마실 음

· **飮む** 마시다　　· **飮酒** 음주

▶ 가타카나 초급 단어

バス			

オレンジ			

スポーツ			

どこへ行きますか。

- 友だちと旅行するつもりです。
- 何時に出発しますか。
- 東京駅から京都までやこうバスで
  行きます。
- 水曜日は行きません。

〈본문〉

- 行く 가다
- 夏休み 여름방학
- 帰る 돌아가(오)다
- 旅行 여행
- する 하다
- つもり 생각, 작정
- ぎおんまつり 기온 마쓰리(일본축제명)
- 見る 보다
- そして 그리고
- 金閣寺 긴카쿠지(일본사찰)
- 東京 도쿄(일본지명)
- 駅 역
- やこうバス 심야 버스
- 何時 몇 시
- 出発 출발
- 夜 밤
- 11時 11시 (부록 146쪽 참조)
- 半 반
- つく 도착하다

〈1단계〉

- 言う 말하다
- 泳ぐ 수영하다
- 話す 말하다, 이야기하다
- 待つ 기다리다
- 死ぬ 죽다
- 遊ぶ 놀다
- 読む 읽다
- 起きる 일어나다
- 食べる 먹다

- 開ける 열다
- 来る 오다
- 国 나라, 고향

〈2단계〉

- 明日 내일
- 水曜日 수요일
- ご飯 밥
- 毎日 매일
- 公園 공원
- 土曜日 토요일
- 買い物 쇼핑
- 月曜日 월요일
- 金曜日 금요일
- くらい／ぐらい 정도
- 電車 전차, 전철
- かかる 걸리다
- 乗る 타다
- 会う 만나다

〈3단계〉

- 休む 쉬다
- 映画 영화
- 料理 요리
- 火曜日 화요일
- お酒 술
- 飲む 마시다
- 午前 오전
- 午後 오후
- 授業 수업
- 週末 주말

- プサン 부산
- プール 수영장

- テニス 테니스
- デパート 백화점

오늘 수업 주제는 여름방학 계획이다. 야마다 선생님은 하나에게 여름방학 계획에 대해 묻고 있다.

先生	ハナさん、夏休みは韓国へ帰りますか。
ハナ	いいえ、帰りません。友だちと旅行するつもりです。
先生	いいですね。どこへ行きますか。
ハナ	京都です。
先生	京都で何をしますか。
ハナ	ぎおんまつりを見ます。 そして、金閣寺へ行くつもりです。
先生	なにで行きますか。
ハナ	東京駅から京都までやこうバスで行きます。
先生	バスは何時に出発しますか。
ハナ	夜、11時半です。朝6時に京都につきます。

1 동사의 종류 · ます／ません

일본어 동사는 활용에 따라 5단 동사, 1단 동사, 변격 동사로 분류된다.

종류	기본형	만드는 법	～ます	～ません
5단 동사 (1그룹 동사) ① る로 끝나지 않는 모든 동사 ② る로 끝나는 동사 중, る앞의 글자가 い단 또는 え단이 아닌 동사 ③ *는 예외	言う 行く 泳ぐ 話す 待つ 死ぬ 遊ぶ 読む *帰る	어미를 い단으로 바꾸고 ます, ません을 붙인다	いいます いきます およぎます はなします まちます しにます あそびます よみます かえります	言いません 行きません 泳ぎません 話しません 待ちません 死にません 遊びません 読みません 帰りません
1단 동사 (2그룹 동사) る로 끝나는 동사 중, る앞의 글자가 い단 또는 え단인 동사	見る 起きる 食べる 開ける	る를 없애고 ます, ません을 붙인다	みます おきます たべます あけます	見ません 起きません 食べません 開けません
변격 동사 (3그룹 동사)	する 来る	규칙 없음	します 来ます	しません 来ません

* 기본형이 1단동사의 형태로 되어있으나 5단 활용을 하는 동사에는 「帰る」 외에도 「入る · 知る · 切る · 走る · しゃべる」 등이 있다.

2 동사의 연체형

- 일본어 동사는 기본형 그대로 명사를 수식하는 연체형으로 쓰인다.

  예 · 来年　日本に　**行く**　人。／　来年　日本に　**行く**　つもりです。

3 조사

- 「に」: ~에 (시각 / 도착점)

  예 6時に出発します。　／　京都駅につきます。

- 「へ」: ~에, ~로. 「へ」가 조사로 쓰일 때의 발음은 「he」가 아니라 「e」가 된다.

  예 夏休みには国へ帰ります。

- 「で」: ~에서 / ~로

  ① ~에서 (활동의 장소)　　　　예 としょかんで勉強する。

  ② ~로 (수단, 도구)　　　　예 バスで行きます。

1 ～ます／～ません ~합니다(하겠습니다) / ~하지 않습니다(하지 않겠습니다)

- A：夏休みにどこへ行きますか。
  B：京都へ行きます。
- 朝 7 時にご飯を食べます。
- 毎日公園で運動をします。
- A：明日も学校に行きますか。
  B：いいえ、明日は行きません。
- 夏休みに国へ帰りません。
- 毎日運動をしますが、水曜日はしません。

2 ～つもりです ~할 생각입니다

- 土曜日にとしょかんへ行くつもりです。
- 京都まではやこうバスに乗るつもりです。
- A：明日、何をしますか。
  B：友だちと買い物をするつもりです。

3 ～から～まで ~에서 ~까지

- ソウルからプサンまで車で行きます。
- 学校は月曜日から金曜日までです。
- A：家から学校までどのくらいかかりますか。
  B：電車で 1 時間ぐらいかかります。

4 ～に乗る・会う ~을/를 타다・만나다

- 明日、8 時のバスに乗ります。
- 学校までは電車に乗ります。
- 土曜日には友だちに会うつもりです。

1　보기와 같이 쓰고 말해 봅시다.

> **보기**　明日／会社／休む
> A：明日、会社を休みますか。
> B：はい、休みます。

① 日曜日／友だち／会う

A：＿＿＿＿＿＿＿＿＿＿＿＿＿＿＿＿＿＿＿＿＿＿＿

B：＿＿＿＿＿＿＿＿＿＿＿＿＿＿＿＿＿＿＿＿＿＿＿

② 明日／映画／見る

A：＿＿＿＿＿＿＿＿＿＿＿＿＿＿＿＿＿＿＿＿＿＿＿

B：＿＿＿＿＿＿＿＿＿＿＿＿＿＿＿＿＿＿＿＿＿＿＿

③ 毎日／朝ご飯／食べる

A：＿＿＿＿＿＿＿＿＿＿＿＿＿＿＿＿＿＿＿＿＿＿＿

B：＿＿＿＿＿＿＿＿＿＿＿＿＿＿＿＿＿＿＿＿＿＿＿

④ 毎日／学校／来る

A：＿＿＿＿＿＿＿＿＿＿＿＿＿＿＿＿＿＿＿＿＿＿＿

B：＿＿＿＿＿＿＿＿＿＿＿＿＿＿＿＿＿＿＿＿＿＿＿

2　보기와 같이 쓰고 말해 봅시다.

> **보기**　本／読む
> A：よく本を読みますか。
> B：いいえ、あまり読みません。

① 料理／する

A：＿＿＿＿＿＿＿＿＿＿＿＿＿＿＿＿＿＿＿＿＿＿＿

B：＿＿＿＿＿＿＿＿＿＿＿＿＿＿＿＿＿＿＿＿＿＿＿

② としょかん／行く

A：＿＿＿＿＿＿＿＿＿＿＿＿＿＿＿＿＿＿＿＿＿＿＿

B：＿＿＿＿＿＿＿＿＿＿＿＿＿＿＿＿＿＿＿＿＿＿＿

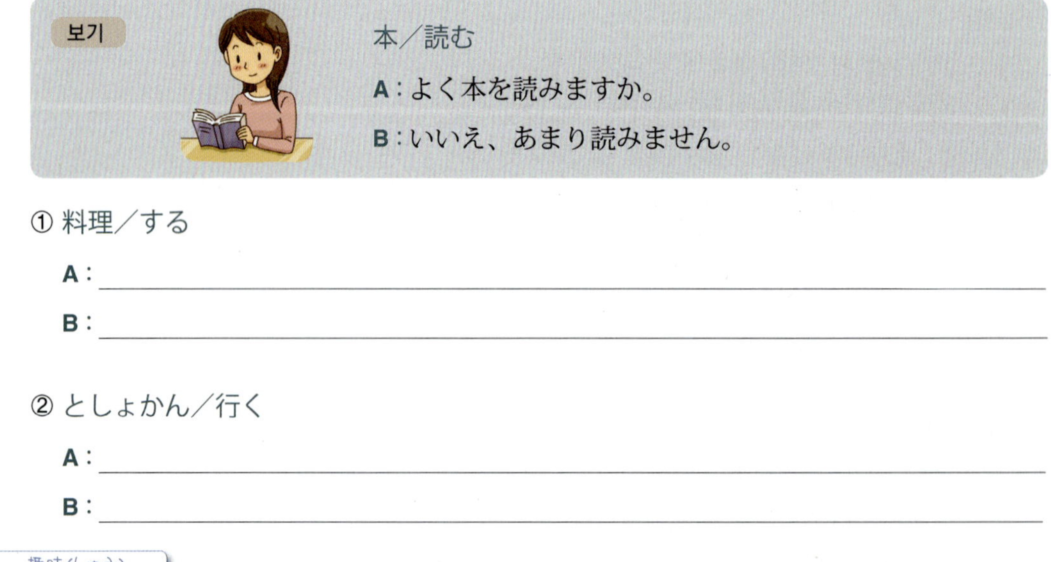

趣味（しゅみ）

旅行 여행 りょこう	読書 독서 どくしょ	写真 사진 しゃしん	音楽鑑賞 음악감상 おんがくかんしょう	映画鑑賞 영화감상 えいがかんしょう

③ 公園／遊ぶ

A： ____

B： ____

④ プール／泳ぐ

A： ____

B： ____

3 다음 그림을 보고 보기와 같이 쓰고 말해 봅시다.

月曜日

火曜日

水曜日

金曜日

土曜日

> **보기**　月曜日 ／としょかんに行く
>
> **A**：月曜日は何をしますか。
>
> **B**：としょかんに行くつもりです。

① 火曜日／買い物をする　　**A**： _______________________________

　　　　　　　　　　　　B： _______________________________

② 水曜日／テニスをする　　**A**： _______________________________

　　　　　　　　　　　　B： _______________________________

③ 金曜日／お酒を飲む　　　**A**： _______________________________

　　　　　　　　　　　　B： _______________________________

④ 土曜日／映画を見る　　　**A**： _______________________________

　　　　　　　　　　　　B： _______________________________

趣味（しゅみ）

編み物（あみもの） 뜨개질　　生け花（いけばな） 꽃꽂이　　バイオリン 바이올린　　ピアノ 피아노　　ドライブ 드라이브

4   보기와 같이 쓰고 말해 봅시다.

① デパート／午前　10：30　〜　午後　8：00

A : _______________________________________

B : _______________________________________

② カフェ／午前　7：00　〜　午後　11：00

A : _______________________________________

B : _______________________________________

③ 食堂／午前　11：30　〜　午後　2：30

A : _______________________________________

B : _______________________________________

④ 授業／午前　9：00　〜　午後　5：00

A : _______________________________________

B : _______________________________________

5   CD를 듣고 각자 주말에 무엇을 하는지 (　　　) 안에 이름을 적어 봅시다. 🎧 **32**

①　勉強　　　　　　②　料理　　　　　　③　バス旅行

(　　　　　)　　　　　(　　　　　)　　　　　(　　　　　)

도시의 아침은 까마귀(カラス) 천국

이른 새벽 도쿄(東京)의 번화가 중의 하나인 신주쿠(新宿)의 거리를 걷게 되었다. 밤사이 휘황찬란하던 거리가 아침을 맞이하는 모습은 매우 묘한 느낌을 주고 있었는데, 인기척에 퍼덕거리며 공중으로 날아 올라가는 시커먼 무리를 따라 잠시 시선을 올리자 가로등 주변의 전선 등에는 까마귀가 떼를 지어 앉아 아래를 내려다 보고 있었다. 섬뜩했다. 아직 청소차가 지나가지 않은 거리에는 밤사이 수많은 인간들이 만들어 내어 놓은 음식물 쓰레기 더미가 산을 이루고 있었고, 우리나라의 까마귀보다 몸집과 부리가 훨씬 큰 까마귀들이 음식물 찌꺼기를 탐하며 새벽의 거리를 점령하고 있었던 것이다.

 까마귀를 흉조라고 보는 우리나라와는 달리 일본인들은 그러한 고정관념은 별로 없는 듯하다. 한편 야생동물 보호차원에서도 까마귀를 해치지 못하니 까마귀 수는 늘어 날 수 밖에 없고, 도시의 새벽 거리는 까마귀들이 헤집어 놓은 쓰레기들이 이리저리 뒹굴어 보는 이의 눈살을 찌푸리게 한다. 심한 경우는 사람까지 공격하는 일이 있다고 하니 일본의 새로운 골치거리이기도 하다. 참고로 우리나라에서 길조로 사랑을 받고 있는 까치(かささぎ)는 일본의 남쪽지방인 규슈(九州)지방을 포함한 극히 일부지방에만 서식한다고 한다.

▶ 필수 초급 한자

寝
잠잘 침

쓰는 순서 | 寝 寝 寝 寝 寝 寝 寝 寝 寝 寝 寝 寝 寝

・寝る 자다　・寝室 침실

知
알 지

쓰는 순서 | 知 知 知 知 知 知 知 知

・知る 알다　・知人 지인

死
죽을 사

쓰는 순서 | 死 死 死 死 死 死

・死ぬ 죽다　・死亡 사망

売
팔 매

쓰는 순서 | 売 売 売 売 売 売 売

・売る 팔다　・発売 발매

買
살 매

쓰는 순서 | 買 買 買 買 買 買 買 買 買 買 買 買

・買う 사다　・売買 매매

今日は何をしましたか。

- ジムで運動をしました。
- 水着が買いたいです。
- いっしょに行きましょう。
- 「こころ」という小説です。

〈본문〉

- しけん 시험
- 準備 (じゅんび) 준비
- あと 후, 나중
- 今度 (こんど) 이번 / 다음
- いっしょに 함께, 같이
- 水着 (みずぎ) 수영복
- 買う (か) 사다
- 駅前 (えきまえ) 역 앞
- 用品店 (ようひんてん) 용품점

〈1단계〉

- 店 (みせ) 가게
- 名前 (なまえ) 이름

〈2단계〉

- 先月 (せんげつ) 저번 달 (부록 149쪽 참조)
- 日本 (にほん) 일본

- ゆうべ 어제 저녁
- おそく 늦게
- 寝る (ね) 자다

〈3단계〉

- 今朝 (けさ) 오늘 아침
- 海 (うみ) 바다
- おなかがすく 배가 고프다
- 中国 (ちゅうごく) 중국
- はやく 빨리, 일찍
- 小説 (しょうせつ) 소설
- こころ 마음 (나쓰메 소세키의 소설)
- 魚 (さかな) 생선
- さけ 연어
- すみません 죄송합니다
- ちょっと 조금
- 1Q84 (いちきゅうはちよん) 1Q84 (무라카미 하루키의 소설)

- ジム 체육관
- ゴーグル 고글
- カツどん 돈가스 덮밥
- アニメ 애니메이션
- ワンピース 원피스
- チャミスル 참이슬

33

운동을 좋아하는 하루카를 보며, 하나도 운동을 하고 싶어졌다.

はるか　今日は何をしましたか。

ハナ　　としょかんでしけんの準備をしました。

　　　　はるかさんは何をしましたか。

はるか　授業のあと、ジムで運動をしました。

ハナ　　いいですね。私も運動したいです。

　　　　ジムにはプールもありますか。

はるか　もちろんです。今度、いっしょに行きましょうか。

ハナ　　はい、でも、水着がありません。

　　　　ゴーグルと水着が買いたいです。

はるか　駅前に「アルプス」というスポーツ用品店が

　　　　ありますよ。いっしょに行きましょう。

1 과거, 권유, 희망 표현

종류	기본형	과거 〜ました	권유 〜ましょう	희망 〜たいです
5단 동사 (1그룹 동사)	行く 会う 話す 飲む *帰る	行きました 会いました 話しました 飲みました 帰りました	行きましょう 会いましょう 話しましょう 飲みましょう 帰りましょう	行きたいです 会いたいです 話したいです 飲みたいです 帰りたいです
1단 동사 (2그룹 동사)	見る 食べる	見ました 食べました	見ましょう 食べましょう	見たいです 食べたいです
변격 동사 (3그룹 동사)	する 来る	しました 来ました	しましょう 来ましょう	したいです 来たいです

＊동사의 과거 부정의 정중체 표현은 「〜ませんでした」

예 A：どこへ行きましたか。

B：どこへも行き**ませんでした**。

＊「〜たい」：말하는 사람 본인의 희망으로 주어는 1인칭으로 한정된다. 의문문의 경우의 주어는 2인칭

예 A：(あなたは) どこへ行き**たい**ですか。

B：(私は) 北海道へ行き**たい**です。

・金さんは北海道へ行きたいです。（×）

2 조사

・「と」：~라고 (인용, 전문)

예 A：店の名前はなんですか。

B：「アルプス」**と**いいます。

1 〜ました／〜ませんでした　~했습니다 / ~하지 않았습니다

- 先月、私は日本に行きました。
- 私はゆうべおそく寝ました。
- A：今朝、何時に起きましたか。
  B：6時に起きました。
- 教室に田中さんは来ませんでした。
- 土曜日に友だちに会いましたが、お酒は飲みませんでした。

2 〜ましょう／〜ましょうか　~합시다 / ~할까요

- A：私といっしょに海へ行きましょう。
  B：ええ、行きましょう。
- A：おなかがすきましたね。何か食べましょうか。
  B：ええ、そうしましょう。

3 〜たいです／〜たくありません　~하고 싶습니다 / ~하고 싶지 않습니다

- A：どこへ行きたいですか。
  B：中国へ行きたいです。
- 私は友だちに会いたいです。
- 今日ははやく寝たいです。
- 週末には家にいたくありません。

4 〜という〜／〜といいます　~(라)고 하는 / ~(라)고 합니다

- A：これは何という小説ですか。
  B：「こころ」という小説です。
- この魚の名前は「さけ」といいます。

1 보기와 같이 쓰고 말해 봅시다.

> **보기**
>
> 昨日／学校へ行く
>
> A ：昨日、学校へ行きましたか。
>
> B1：はい、行きました。　　B2：いいえ、行きませんでした。

① 今朝／早く起きる

A ：＿＿＿＿＿＿＿＿＿＿＿＿＿＿＿＿＿＿＿＿＿＿＿＿＿＿＿

B1 ：＿＿＿＿＿＿＿＿＿＿＿＿＿　　B2 ：＿＿＿＿＿＿＿＿＿＿

② 先週／テニスをする

A ：＿＿＿＿＿＿＿＿＿＿＿＿＿＿＿＿＿＿＿＿＿＿＿＿＿＿＿

B1 ：＿＿＿＿＿＿＿＿＿＿＿＿＿　　B2 ：＿＿＿＿＿＿＿＿＿＿

③ 夏休み／日本へ行く

A ：＿＿＿＿＿＿＿＿＿＿＿＿＿＿＿＿＿＿＿＿＿＿＿＿＿＿＿

B1 ：＿＿＿＿＿＿＿＿＿＿＿＿＿　　B2 ：＿＿＿＿＿＿＿＿＿＿

④ 昨日／友だちに会う

A ：＿＿＿＿＿＿＿＿＿＿＿＿＿＿＿＿＿＿＿＿＿＿＿＿＿＿＿

B1 ：＿＿＿＿＿＿＿＿＿＿＿＿＿　　B2 ：＿＿＿＿＿＿＿＿＿＿

2 보기와 같이 쓰고 말해 봅시다.

> **보기**　お酒を飲む
>
> A ：いっしょにお酒を飲みましょうか。
>
> B1：いいですね。そうしましょう。　　B2：すみません、今日はちょっと……。

① 勉強する

A ：＿＿＿＿＿＿＿＿＿＿＿＿＿＿＿＿＿＿＿＿＿＿＿＿＿＿＿

B1 ：＿＿＿＿＿＿＿＿＿＿＿＿＿　　B2 ：＿＿＿＿＿＿＿＿＿＿

飲み物・デザート

紅茶 홍차	焼酎 소주	ビール 맥주	ワイン 와인	サイダー 사이다
こうちゃ	しょうちゅう			

② カラオケに行く

A : _______________________________________

B1 : _____________________________ **B2** : _____________________

③ ご飯を食べる

A : _______________________________________

B1 : _____________________________ **B2** : _____________________

④ 映画を見る

A : _______________________________________

B1 : _____________________________ **B2** : _____________________

3 보기와 같이 쓰고 말해 봅시다.

보기

映画を見る
A：今日、何がしたいですか。
B：映画が見たいです。

① 買い物をする　　**A** : _______________________________

　　　　　　　　　B : _______________________________

② 友だちと遊ぶ　　**A** : _______________________________

　　　　　　　　　B : _______________________________

③ お酒を飲む　　　**A** : _______________________________

　　　　　　　　　B : _______________________________

④ 家で休む　　　　**A** : _______________________________

　　　　　　　　　B : _______________________________

飲み物・デザート

かき氷 빙수	タルト 타르트	プリン 푸딩	パフェ 파르페	ヨーグルト 요구르트

4 보기와 같이 쓰고 말해 봅시다.

보기

本／１Ｑ８４

Ａ：これは何という本ですか。

Ｂ：「１Ｑ８４」という本です。

① 料理／カツどん

Ａ：_________________________________

Ｂ：_________________________________

② アニメ／ワンピース

Ａ：_________________________________

Ｂ：_________________________________

③ 店／アルプス

Ａ：_________________________________

Ｂ：_________________________________

④ お酒／チャミスル

Ａ：_________________________________

Ｂ：_________________________________

5 CD를 듣고 누가 무엇을 하고 싶은지 선으로 연결해 봅시다. 34

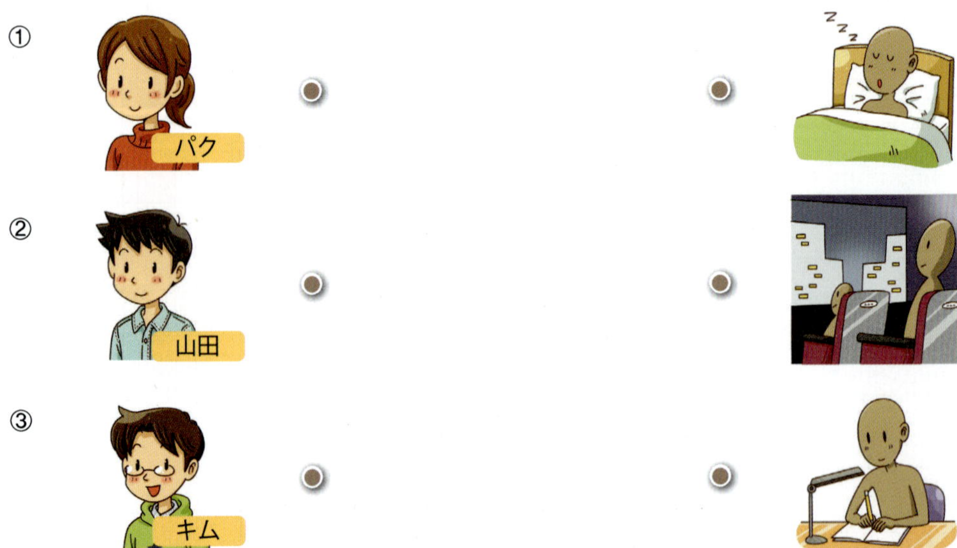

어린이나 여자는 원숭이를 조심하라

한국에서는 원숭이를 재수없는 동물이라고 여기는 편인데, 일본인들에게 있어 원숭이란 존재는 각별한 것 같다. 일본에서는 원숭이를 애완동물과 비슷하게 여기며 관광자원으로도 이용하고 있고 원숭이를 모델로 한 작품들이 흔히 눈에 뜨인다.

오사카(大阪)의 우메다(梅田) 역에서 다카라즈카(宝塚) 방면으로 가는 길에 미노(箕面) 공원이라는 드라이브 하기 좋은 산이 있었다. 산길을 따라 한동안 가다 보면 야생의 원숭이들이 길가에 삼삼오오 무리를 지어 앉아 있기도 한다. 어떤 녀석들은 차도까지 점령을 하고 심지어 차 위에까지 올라 앉아 사람을 구경하기도 하는데, 길가의 자판기에 돈을 넣고 음료수를 누르는 순간 쏜살같이 달려와 음료수를 꺼내가버리는 대단한 녀석들도 있다. 여기까지는 재미있게 볼 수도 있는 장면이지만 어린이들이나 어른이라도 여자들이 먹을 것을 가지고 있으면 다가와 위협을 하고는 먹을 것을 빼앗아가므로 조심하여야 한다. 이들 야생원숭이들은 겨울철이 되면 먹이를 구하기 위해 심지어는 마을까지 내려와 주민에게 피해를 주기도 한다. 이러한 피해를 줄이기 위해 최근에는 관할시에서 시간을 정하여 먹이를 제공하는데, 그 때문에 이들의 식사시간에는 산에 올라가봐야 원숭이를 구경할 수가 없다.

한편, 동경 근처에는 닛코(日光)라고 하는 유명한 관광지가 있는데, 연중 관광객이 끊이지 않는 이 곳에는 원숭이 학교가 세워져 있어 더욱 인기를 끌고 있다. 원숭이를 학생으로 하여 교실을 꾸며놓고 원숭이 공연을 보여주는 일종의 퍼포먼스(performance)인데 제법 흥미로운 볼거리를 제공한다.

▶ 필수 초급 한자

쓰는 순서 | 吸 吸 吸 吸 吸 吸

吸
숨 들이쉴 흡

· 吸う 피우다　　· 呼吸 호흡

쓰는 순서 | 帰 帰 帰 帰 帰 帰 帰 帰 帰 帰

帰
돌아갈 귀

· 帰る 돌아가(오)다　　· 帰国 귀국

쓰는 순서 | 教 教 教 教 教 教 教 教 教 教 教

教
가르칠 교

· 教える 가르치다　　· 教室 교실

쓰는 순서 | 思 思 思 思 思 思 思 思 思

思
생각할 사

· 思う 옮기다　　· 思考 사고

쓰는 순서 | 迎 迎 迎 迎 迎 迎 迎

迎
맞을 영

· 迎える 맞이하다　　· 歓迎 환영

プレゼントを
買いに行きます。

- どこへ行くんですか。
- プレゼントを買いに行きます。
- ネックレスはあまりしないと思いますよ。
- 心配しないでください。

〈본문〉

- 誕生日 생일
- 来週 다음 주 (부록 149쪽 참조)
- もう 이제
- すぐ 곧, 금방
- 思う 생각하다
- ひみつ 비밀
- わかる 알다
- 心配する 걱정하다

〈1단계〉

- 送る 보내다
- 散歩 산책

〈2단계〉

- たばこ 담배
- 吸う 피우다
- 検査 검사
- 立つ 서다
- 安全だ 안전하다

〈3단계〉 관련

- 空港 공항
- 外国人 외국인
- 迎える 맞이하다
- 銀座 긴자(일본 지명)
- かぶき 가부키(일본 전통극)
- 来月 다음 달
- 留学 유학
- 暑い 덥다
- 窓 창문

〈3단계〉

- 宿題 숙제
- 朝ご飯 아침밥
- 中 ~중
- おしゃべりする 수다 떨다
- ごみ 쓰레기
- 捨てる 버리다
- 借りる 빌리다

- プレゼント 선물
- ネックレス 목걸이
- ピアス 귀걸이
- メール 메일
- フランス 프랑스
- デート 데이트
- ハンサムだ 잘 생기다

35

백화점을 가던 하나는 지하철에서 우연히 다쿠야와 마주친다.

たくや	ハナさん、どこへ行くんですか。
ハナ	ああ、たくやさん。 デパートへプレゼントを買いに行きます。
たくや	何のプレゼントですか。
ハナ	誕生日プレゼントです。 来週は、はるかさんの誕生日です。
たくや	もうすぐですね。何を買うつもりですか。
ハナ	そうですね……。ネックレスはどうですか。
たくや	ネックレスはあまりしないと思いますよ。 ピアスはどうですか。
ハナ	それ、いいですね。はるかさんにはひみつですよ。
たくや	わかりました。心配しないでください。

1   동사의 부정   ない

종류	기본형	만드는 법	～ない
5단 동사 (1그룹 동사)	会う 行く 話す 飲む ＊帰る ある	어미를 あ단으로 바꾸고, ない를 붙인다.	会わない 行かない 話さない 飲まない 帰らない ＊ない
1단 동사 (2그룹 동사)	見る 食べる	る를 떼고, ない를 붙인다.	見ない 食べない
변격 동사 (3그룹 동사)	する 来る	し ＋ない こ ＋ない	しない 来ない

＊「～う」는「あない」가 아니고「～わない」,「ある」는「あらない」가 아니고「ない」

2   조사

- 「に」: ~에게 / ~하러
  - ① ~에게 (대상)
  - ② ~하러 (목적)

  예 先生にメールを送ります。
  예 日本へ勉強しに行きます。
  公園へ散歩に行きます。

3   ～んです   ~인 것입니다 (설명)

- 「～のです」가 회화체에서「～んです」로 나타나는데, 주로 상대방에게 설명하고자 할 때 사용한다.

  예 A : どこへ行くんですか。
  B : 買い物に行くんです。

4   ～と思います   ~라고 생각합니다, ~일 것입니다

- 문장의 끝에 와서 '~라고 생각하다', '~일 것이다'와 같이 단정지어 말하기를 피할 때. 또한, 자기의 감정이나 기분, 결심을 나타낼 때에도 쓰인다.

  예 A : ネックレスはしないと思います。
  B : 今週の日曜日に行きたいと思います。

1　〜ない　~하지 않다, ~하지 않는

- 夜おそくには何も食べ**ない**。
- たばこを吸わ**ない**人が好きです。
- 明日、来**ない**人はだれですか。

2　〜ないでください　~하지 마세요

- 検査の前には何も食べ**ない**でください。
- 前の人は立た**ない**でください。
- ここは安全です。心配し**ない**でください。

3　〜に行きます　~하러 갑니다

- としょかんへ日本の小説を読み**に行きます**。
- 空港に外国人の友だちを迎え**に行きます**。
- 銀座へかぶきを見**に行きます**。
- 来月、フランスへ旅行**に行きます**。

4　〜んです　~합니다, ~하거든요

- どうしても留学したい**んです**。
- A：今日はとてもきれいですね。どこへ行く**んです**か。
  B：デートがある**んです**。
- 暑い**んです**ね。窓を開けましょうか。
- A：どうして行かない**んです**か。
  B：時間がない**んです**。

1 보기와 같이 쓰고 말해 봅시다.

> **보기**
>
> 毎日／学校／行く
> A：毎日、学校に行きますか。
> B：いいえ、行かない日もあります。

① 毎日／本／読む

A：＿＿＿＿＿＿＿＿＿＿＿＿＿＿＿＿＿＿＿＿＿＿＿＿
B：＿＿＿＿＿＿＿＿＿＿＿＿＿＿＿＿＿＿＿＿＿＿＿＿

② 毎日／宿題／する

A：＿＿＿＿＿＿＿＿＿＿＿＿＿＿＿＿＿＿＿＿＿＿＿＿
B：＿＿＿＿＿＿＿＿＿＿＿＿＿＿＿＿＿＿＿＿＿＿＿＿

③ 毎日／朝ご飯／食べる

A：＿＿＿＿＿＿＿＿＿＿＿＿＿＿＿＿＿＿＿＿＿＿＿＿
B：＿＿＿＿＿＿＿＿＿＿＿＿＿＿＿＿＿＿＿＿＿＿＿＿

④ 毎日／お酒／飲む

A：＿＿＿＿＿＿＿＿＿＿＿＿＿＿＿＿＿＿＿＿＿＿＿＿
B：＿＿＿＿＿＿＿＿＿＿＿＿＿＿＿＿＿＿＿＿＿＿＿＿

2 보기와 같이 쓰고 말해 봅시다.

> **보기**
>
> たばこ／吸う
> A：たばこを吸わないでください。
> B：はい、わかりました。

① 授業中／寝る

A：＿＿＿＿＿＿＿＿＿＿＿＿＿＿＿＿＿＿＿＿＿＿＿＿
B：＿＿＿＿＿＿＿＿＿＿＿＿＿＿＿＿＿＿＿＿＿＿＿＿

② おかし／食べる

A：＿＿＿＿＿＿＿＿＿＿＿＿＿＿＿＿＿＿＿＿＿＿＿＿
B：＿＿＿＿＿＿＿＿＿＿＿＿＿＿＿＿＿＿＿＿＿＿＿＿

ショッピング①

服 옷	着物 기모노	下着 속옷, 내의	スカート 스커트	ワンピース 원피스
ふく	きもの	したぎ		

③ としょかん／おしゃべりする

A：＿＿＿＿＿＿＿＿＿＿＿＿＿＿＿＿＿＿＿＿＿＿

B：＿＿＿＿＿＿＿＿＿＿＿＿＿＿＿＿＿＿＿＿＿＿

④ ごみ／捨てる

A：＿＿＿＿＿＿＿＿＿＿＿＿＿＿＿＿＿＿＿＿＿＿

B：＿＿＿＿＿＿＿＿＿＿＿＿＿＿＿＿＿＿＿＿＿＿

3　보기와 같이 쓰고 말해 봅시다.

> 보기
>
> 本／借りる
>
> **A**：昨日、何をしに行きましたか。
>
> **B**：本を借りに行きました。

① お酒／飲む

A：＿＿＿＿＿＿＿＿＿＿＿＿＿＿＿＿＿＿＿＿＿＿

B：＿＿＿＿＿＿＿＿＿＿＿＿＿＿＿＿＿＿＿＿＿＿

② 野球／見る

A：＿＿＿＿＿＿＿＿＿＿＿＿＿＿＿＿＿＿＿＿＿＿

B：＿＿＿＿＿＿＿＿＿＿＿＿＿＿＿＿＿＿＿＿＿＿

③ プレゼント／買う

A：＿＿＿＿＿＿＿＿＿＿＿＿＿＿＿＿＿＿＿＿＿＿

B：＿＿＿＿＿＿＿＿＿＿＿＿＿＿＿＿＿＿＿＿＿＿

④ プール／泳ぐ

A：＿＿＿＿＿＿＿＿＿＿＿＿＿＿＿＿＿＿＿＿＿＿

B：＿＿＿＿＿＿＿＿＿＿＿＿＿＿＿＿＿＿＿＿＿＿

ショッピング①

スーツ 양복	ズボン 바지	コート 코트	ジーパン 청바지(진)	ベスト 조끼

4 보기와 같이 쓰고 말해 봅시다.

① 明日／暑い

　　A ：____

　　B1：______________________　　B2：______________________

② 田中さん／料理をする

　　A ：____

　　B1：______________________　　B2：______________________

③ このネックレス／高い

　　A ：____

　　B1：______________________　　B2：______________________

④ キムさん／お酒が好きだ

　　A ：____

　　B1：______________________　　B2：______________________

5 CD를 듣고 맞는 것에 ○표를 넣어 봅시다. 36

① 田中さんはどんな人が好きですか。

　　a. ハンサムな人　　　　b. やさしい人　　　　c. お酒を飲まない人
　　　（　　）　　　　　　　（　　）　　　　　　　（　　）

② キムさんはどんな人が好きですか。

　　a. かわいい人　　　　　b. きれいな人　　　　c. 料理が上手な人
　　　（　　）　　　　　　　（　　）　　　　　　　（　　）

변화무쌍한 일본의 날씨와
이불 털이개 (ふとんたたき)

　일본 생활로 인한 생활의 변화 중 하나는 햇볕에 대한 반응이다. 한국에서는 장마철 외에는 이불을 일부러 볕에 말리지 않는다. 그러나 일본에서는 햇볕이 좋은 날이면 어김없이 이불과 베개를 마당에 내다 넌다.

　일본의 날씨는 섬나라이다 보니 늘 습기가 차있어서, 해가 나오면 열심히 말려야 한다. 그러나 변화무쌍한 날씨 때문에 햇볕이 좋다고 널어 놓고 외출이라도 하는 날엔 낭패보기가 쉽상이다. 하다못해 낮잠 한번 편히 자기 어렵다. 그렇게 구름 한 점 없이 맑던 하늘이 갑자기 어두워지며 소나기를 퍼부어대고는 언제 그랬냐는 듯 다시 맑게 갠다. 그러니 일본생활은 부지런해야 한다.

　일본의 가정에 거의 한 개 씩은 있고 생필품매장에도 반드시 있으나 우리나라에는 없는 도구가 하나 있다. 처음에 그것을 보고 이것이 무엇인가 무척 신기하였다. 이름하여　이불 털이개(ふとんたたき). 그렇다. 이불을 두드리는 도구이다. 우리나라의 파리채 모양과 비슷하지만 훨씬 더 크고 단단하다. 일본인들은 해만 나오면 빨래줄이고 담장이고 이불을 널다 보니 이불에 먼지가 많이 앉을 것이다. 그래서 이 도구로 저녁 무렵이 되면 이 집 저 집에서 탁탁, 탁탁 이불 두드리는 소리가 요란하다.

▶ 필수 초급 한자

入
들 입

쓰는 순서ㅣ 入　入

・入る 들어가(오)다
・入口 입구

泳
헤엄칠 영

쓰는 순서ㅣ 泳　泳　泳　泳　泳　泳　泳　泳

・泳ぐ 헤엄치다
・水泳 수영

歌
노래 가

쓰는 순서ㅣ 歌　歌　歌　歌　歌　歌　歌　歌　歌　歌　歌　歌　歌　歌

・歌う 노래하다
・歌手 가수

働
일할 동

쓰는 순서ㅣ 働　働　働　働　働　働　働　働　働　働　働　働　働

・働く 일하다
・労働 노동

歩
걸을 보

쓰는 순서ㅣ 歩　歩　歩　歩　歩　歩　歩　歩

・歩く 걷다
・歩行者 보행자

暑くなりましたね。

- まちを歩きながら友だちと話しました。
- 息子がはたちになりました。
- 子どもが大きくなりました。
- 教室がしずかになりました。

〈본문〉

- なる 되다
- さいきん 최근, 요즘
- これから 앞으로
- もっと 더, 더욱
- 先週 지난 주, 전 주
- 初めて 처음으로
- 浅草 아사쿠사(일본지명)
- まち 거리
- 歩く 걷다
- お寺 절
- 浅草寺 센소지(일본사찰)
- それから 그리고
- まつり 축제
- あじさいまつり 수국 축제

〈1단계〉

- 顔 얼굴
- 赤い 빨갛다

〈2단계〉

- 音楽 음악
- 聞く 듣다

- そうじ 청소
- 電話 전화
- 働く 일하다
- 大変だ 힘들다, 큰일이다
- 息子 아들
- はたち 스무살
- 将来 장래
- 国際 국제
- 弁護士 변호사
- 政治家 정치가
- なかなか 좀처럼, 꽤, 상당히
- だんだん 점점

〈3단계〉

- 歌う 노래 부르다
- 専業 전업
- 主婦 주부
- 部屋 방
- 古い 낡다
- にがてだ 서툴다
- 交通 교통
- 便利だ 편리하다

- デザイナー 디자이너
- アナウンサー 아나운서

🎧 37

지난 주말 아사쿠사에 다녀온 하나, 하루카에게 아사쿠사의 매력에 대해 말하고 있다.

ハナ	さいきん、暑くなりましたね。
はるか	そうですね。これからもっと暑くなりますね。 ところで、先週の週末はどうでしたか。
ハナ	土曜日、初めて浅草に行きました。 人は多かったですが、とても楽しかったです。
はるか	そうですか。浅草で何をしましたか。
ハナ	浅草のまちを歩きながら、おいしいものをたくさん食べました。 有名なお寺も見ました。
はるか	浅草寺ですね。
ハナ	はい、そうです。それからまつりも見ました。
はるか	どんなまつりですか。
ハナ	あじさいまつりです。とてもきれいで、花がもっと好きに なりました。今度、はるかさんもいっしょに行きましょう。

1 동시동작 ～ながら

종류	기본형	만드는 법	～ながら
5단 동사 (1그룹 동사)	洗う 歩く 話す 飲む	ます형에 ながら를 붙인다.	洗いながら 歩きながら 話しながら 飲みながら
1단 동사 (2그룹 동사)	見る 食べる		見ながら 食べながら
변격 동사 (3그룹 동사)	する 来(く)る		しながら 来(き)ながら

2 なる ～이/가 되다, ～아/어지다

• 명사 · 형용사에 연결되어, 변화된 상태 또는 상태 · 속성 · 모습의 변화를 나타낸다.

	～이/가 되다	명사になる	先生になる
～になる	～아/어지다	な형용사になる	元気になる
～くなる	～가/어지다	い형용사くなる	赤くなる

1 〜ながら　~하면서

- 音楽を聞きながらそうじをします。
- 電話をしながらご飯を食べます。
- まちを歩きながら友だちと話しました。
- テレビを見ながら宿題をします。
- A：働きながら勉強するのは大変ですね。
  B：ええ、そうですね。

2 〜になる　~이/가 되다, ~아/어지다

- 息子がはたちになりました。
- 将来、国際弁護士になりたいです。
- 私は政治家にはなりたくありません。
- 教室がしずかになりました。
- A：日本語はどうですか。
  B：おもしろいですが、なかなか上手になりません。

3 〜くなる　~아/어지다

- 子どもが大きくなりました。
- くつが小さくなりました。
- A：今日は暑いですね。
  B：ええ、これからもだんだん暑くなりますね。
- 日本語はだんだんおもしろくなりますね。

1 보기와 같이 쓰고 말해 봅시다.

> | 보기
>
> コーヒーを飲む／本を読む
> A：コーヒーを飲みながら、何をしますか。
> B：コーヒーを飲みながら、本を読みます。

① 音楽を聞く／歩く

A：＿＿＿＿＿＿＿＿＿＿＿＿＿＿＿＿＿＿＿＿＿＿＿＿＿

B：＿＿＿＿＿＿＿＿＿＿＿＿＿＿＿＿＿＿＿＿＿＿＿＿＿

② ジュースを飲む／勉強する

A：＿＿＿＿＿＿＿＿＿＿＿＿＿＿＿＿＿＿＿＿＿＿＿＿＿

B：＿＿＿＿＿＿＿＿＿＿＿＿＿＿＿＿＿＿＿＿＿＿＿＿＿

③ テレビを見る／ご飯を食べる

A：＿＿＿＿＿＿＿＿＿＿＿＿＿＿＿＿＿＿＿＿＿＿＿＿＿

B：＿＿＿＿＿＿＿＿＿＿＿＿＿＿＿＿＿＿＿＿＿＿＿＿＿

④ 歌を歌う／そうじをする

A：＿＿＿＿＿＿＿＿＿＿＿＿＿＿＿＿＿＿＿＿＿＿＿＿＿

B：＿＿＿＿＿＿＿＿＿＿＿＿＿＿＿＿＿＿＿＿＿＿＿＿＿

2 보기와 같이 쓰고 말해 봅시다.

> | 보기
>
> 日本語の先生
> A：将来、何になりたいですか。
> B：日本語の先生になりたいです。

① 歌手　　　　　A：＿＿＿＿＿＿＿＿＿＿＿＿＿＿＿＿＿＿＿

B：＿＿＿＿＿＿＿＿＿＿＿＿＿＿＿＿＿＿＿

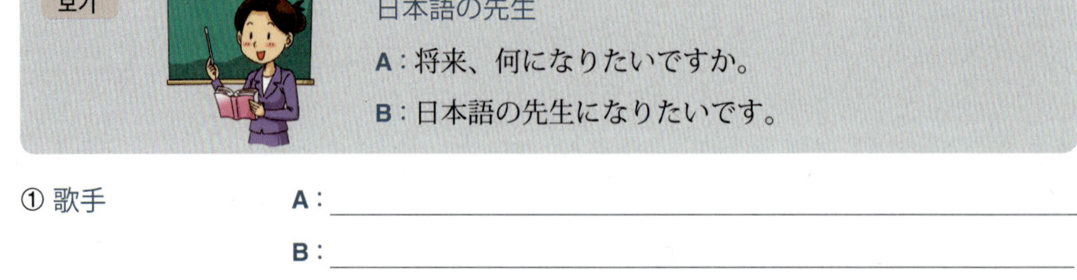

② 専業主婦　　　A : ____

　　　　　　　　B : ____

③ デザイナー　　A : ____

　　　　　　　　B : ____

④ アナウンサー　A : ____

　　　　　　　　B : ____

3 보기와 같이 쓰고 말해 봅시다.

> 보기
>
> くつ／小さい　→　くつが小さくなりました。

① 顔／赤い

　→ ____

② 部屋／明るい

　→ ____

③ 時計／古い

　→ ____

④ パソコン／安い

　→ ____

乗り物（のりもの）

船 배 ふね	遊覧船 유람선 ゆうらんせん	フェリー 페리	レンタカー 렌터카	タクシー 택시

4　보기와 같이 쓰고 말해 봅시다.

日本語／上手だ　→　日本語が上手になりました。

① 英語／好きだ

→ ____

② パクさん／きれいだ

→ ____

③ 交通／便利だ

→ ____

④ キムさん／まじめだ

→ ____

5　CD를 듣고 맞는 것에 ○표를 넣어 봅시다. 38

① （　　　　）

② （　　　　）

③ （　　　　）

④ （　　　　）

남탕에 웬 여자가?!

일본은 습한 기후 관계상 목욕이 발달할 수 밖에 없는 사회이며 그 행태 또한 우리와 다른 점이 꽤 있다.

동네 공중목욕탕에 처음 갔을 때의 일이다. 돈을 받는 아줌마가 머리도 감을 거냐고 묻기에 '별걸 다 묻네'라고 생각하며 "물론이죠"라고 대답하자 그럼 30엔을 더 내라는 것이다. 아니, 밖에 써있는 금액보다 왜 더 내라느냐며 따지자 그건 몸만 씻는 가격이라는 것. 집에서 목욕할 때야 몸만 씻을 때도 있지만 어느 누가 목욕탕에서 몸만 씻는단 말인가. 나중에 안 사실이지만 이처럼 머리 감는 요금을 따로 받는 지역은 일본 전국을 둘러보아도 그리 많지는 않은 듯 하다. 신을 넣고 남탕의 문을 열고 들어가니 조금 전 돈을 받던 아줌마가 커텐을 젖히고 탈의실 쪽으로 고개를 돌려 나를 신기하게 쳐다본다. 거기까지는 좋다. 잠시 후 목욕을 하고 있는 사이 뭔가가 이상하여 뒤를 돌아보니 아줌마인지 아가씨인지 분간하기 어려운 젊은 여자가 남탕 여기저기를 오가며 청소를 하고 있는 것이 아닌가. 세상에 여기는 관리인이 여탕과 남탕의 칸막이를 사이에 두고 다 관리하고 있는 것이었다.

하루는 일본인 친구집에 초대되어 그 집에서 묵게 되었다. 밤이 되자 안주인이 목욕물을 받아 놓았다며 목욕을 하라더니, 목욕 후에 탕 속의 물을 그대로 두고 나오라는 것이다. 그런 다음 일본 친구가 탕에 들어가 목욕하고, 아이들이 하고 맨 마지막으로 안주인이 목욕을 한다는 것. 그러니까 탕에 물을 한 번 받아 놓고는 손님부터 안주인까지 알뜰히도 사용한다는 것인데 뭔가 참…. 그래서 일본에는 탕의 물이 식지 말라고 덮는 욕조덮개도 팔고 있다.

▶ 필수 초급 한자

乘
탈 승

쓰는 순서 | 乘 乘 乘 乘 乘 乘 乘 乘 乘

· 乗る 타다　· 乗車 승차

遊
놀 유

쓰는 순서 | 遊 遊 遊 遊 遊 遊 遊 遊 游 游 遊

· 遊ぶ 놀다　· 遊園地 유원지

急
급할 급

쓰는 순서 | 急 急 急 急 急 急 急 急 急

· 急ぐ 서두르다　· 緊急 긴급

疲
피곤할 피

쓰는 순서 | 疲 疲 疲 疲 疲 疲 疲 疲 疲 疲

· 疲れる 피곤하다　· 疲労 피로

捨
버릴 사

쓰는 순서 | 捨 捨 捨 捨 捨 捨 捨 捨 捨 捨 捨

· 捨てる 버리다　· 取捨 취사

11

遊びに来てください。

- ちょっと待ってください。
- 一度行ってみたいです。
- 私が案内しますから、安心して
  ください。
- おまわりさんに聞いてみます。

〈본문〉

- 飛行機 비행기
  ひこうき
- ３０分 30분
  さんじゅっぷん
- そろそろ 슬슬
- 大切だ 소중하다, 중요하다
  たいせつ
- 時間 시간
  じかん
- 沖縄 오키나와(일본지명)
  おきなわ
- 一度 한 번
  いちど
- 案内する 안내하다
  あんない
- 安心する 안심하다
  あんしん
- めずらしい 드물다, 희귀하다

〈2단계〉

- 少し 조금, 약간
  すこ
- 出す 내다
  だ
- いっしょうけんめい 열심히

- 住所 주소
  じゅうしょ
- 大きい 크다
  おお
- 声 목소리
  こえ
- おまわりさん 경찰, 순경
- 時 시간
  とき
- ゆっくり 천천히, 느긋하게
- 急ぐ 서두르다
  いそ

〈3단계〉

- 手 손
  て
- 洗う 씻다
  あら
- 着物 기모노
  き もの
- 温泉 온천
  おんせん
- 眠い 졸리다
  ねむ
- とうふ 두부

- レポート 리포트
- ニュース 뉴스

39

고향에 가는 하루카를 공항까지 배웅 나온 하나. 점심을 먹으면서 생일 선물을 건넨다.

ハナ　　　何時の飛行機ですか。

はるか　　12時30分です。30分前ですから、

　　　　　そろそろ行きますね。

ハナ　　　はるかさん、ちょっと待ってください。これ、どうぞ。

はるか　　えっ、何ですか。

ハナ　　　誕生日プレゼントです。開けてみてください。

はるか　　あっ、かわいい！ピアスですね。大切にします。

　　　　　ハナさん、今度、沖縄に遊びに来てください。

ハナ　　　ありがとうございます。一度行ってみたいです。

はるか　　私が案内しますから、安心してください。

　　　　　めずらしい沖縄料理をいっしょに食べましょう。

1 　동사의 음편형과 て

두 개의 문장이 이어질 때 「て」가 쓰인다. 이 때 5단동사의 경우, 발음의 편의상 음운변화가 일어나는데, 이를 동사의 음편형이라 한다.

종류	기본형	만드는 법	～て	～てください
5단 동사 (1그룹 동사)	言う 立つ 乗る *行く	う・つ・る → って	言って 立って 乗って *行って	言ってください 立ってください 乗ってください *行ってください
	死ぬ 休む 遊ぶ	ぬ・む・ぶ → んで	死んで 休んで 遊んで	死んでください 休んでください 遊んでください
	歩く 泳ぐ	く → いて ぐ → いで	歩いて 泳いで	歩いてください 泳いでください
	話す	す → して	話して	話してください
1단 동사 (2그룹 동사)	見る 起きる 食べる	る → て	見て 起きて 食べて	見てください 起きてください 食べてください
변격 동사 (3그룹 동사)	する 来る	する → して 来る → 来て	して 来て	してください 来てください

예 ・朝起きて顔を洗ってご飯を食べます。

　・ちょっと待ってください。

2 　접속조사 ～から　　～니까, ~때문에, 원인・이유를 나타냄.

예 すぐ行きますから、いっしょに食べましょう。

1   ～てください   ~해 주세요

- すみませんが、もう少し待ってください。
- 週末までにレポートを出してください。
- 明日は6時に起きてください。
- いっしょうけんめい勉強してください。
- ここに住所と名前を書いてください。
- 大きい声で読んでください。

2   ～てみる   ~해 보다

- 日本人と話してみたいです。
- おまわりさんに聞いてみます。
- 今日のニュースを見てみます。
- おいしいかどうか、食べてみてください。

3   ～から   ~니까, ~때문에

- 私が歌いますから、聞いてください。
- 明日は日曜日ですから、ゆっくり休みましょう。
- 時間がないから、急いでください。
- このレストランは有名だから、おいしいでしょう。

1　보기와 같이 쓰고 말해 봅시다.

> **보기**
>
> もう少し待つ
>
> A：もう少し待ってください。
>
> B：はい、わかりました。

① 早く行く

A：＿＿＿＿＿＿＿＿＿＿＿＿＿＿＿＿＿＿＿＿＿＿＿＿＿＿＿＿＿＿＿＿＿

B：＿＿＿＿＿＿＿＿＿＿＿＿＿＿＿＿＿＿＿＿＿＿＿＿＿＿＿＿＿＿＿＿＿

② 手を洗う

A：＿＿＿＿＿＿＿＿＿＿＿＿＿＿＿＿＿＿＿＿＿＿＿＿＿＿＿＿＿＿＿＿＿

B：＿＿＿＿＿＿＿＿＿＿＿＿＿＿＿＿＿＿＿＿＿＿＿＿＿＿＿＿＿＿＿＿＿

③ レポートを出す

A：＿＿＿＿＿＿＿＿＿＿＿＿＿＿＿＿＿＿＿＿＿＿＿＿＿＿＿＿＿＿＿＿＿

B：＿＿＿＿＿＿＿＿＿＿＿＿＿＿＿＿＿＿＿＿＿＿＿＿＿＿＿＿＿＿＿＿＿

④ ドアを開ける

A：＿＿＿＿＿＿＿＿＿＿＿＿＿＿＿＿＿＿＿＿＿＿＿＿＿＿＿＿＿＿＿＿＿

B：＿＿＿＿＿＿＿＿＿＿＿＿＿＿＿＿＿＿＿＿＿＿＿＿＿＿＿＿＿＿＿＿＿

2　보기와 같이 쓰고 말해 봅시다.

> **보기**
>
> 日本料理め / 食べる
>
> A：日本で何をしてみたいですか。
>
> B：日本料理を食べてみたいです。

① 富士山　A：＿＿＿＿＿＿＿＿＿＿＿＿＿＿＿＿＿＿＿＿＿

　/ のぼる　B：＿＿＿＿＿＿＿＿＿＿＿＿＿＿＿＿＿＿＿＿＿＿

体（からだ）				
頭 머리 あたま	顔 얼굴 かお	目 눈 め	鼻 コ はな	口 입 くち

② 着物　**A:** _______________________________________
/ 着る　**B:** _______________________________________

③ 京都　**A:** _______________________________________
/ 行く　**B:** _______________________________________

④ 温泉　**A:** _______________________________________
/ 入る　**B:** _______________________________________

3　보기와 같이 쓰고 말해 봅시다.

① むずかしい／いっしょに考える

　　→ _______________________________________

② 眠い／少し休む

　　→ _______________________________________

③ 今日は仕事／明日会う

　　→ _______________________________________

④ 時間がない／急ぐ

　　→ _______________________________________

体（からだ）

耳 귀	首 목	胸 가슴	お腹 배	腰 허리
みみ	くび	むね	なか	こし

4   CD를 듣고 대화에 알맞은 그림에 번호를 적어 봅시다. 

a

(　　　　　　　)

b

(　　　　　　　)

c

(　　　　　　　)

d

(　　　　　　　)

e

(　　　　　　　)

5   CD를 듣고 질문에 알맞은 답을 적어봅시다. 

① パクさんは京都のどこに行きたいですか。

____

② パクさんが京都で食べたいものは何ですか。

____

메밀국수(そば)

　우리나라에서 생일이나 잔칫날 등, 특별한 날에 국수를 먹는 것처럼 일본에서도 특별한 날에 소바(そば)라고 하는 메밀국수를 먹는 습관이 있다. 섣달 그믐날 밤에는 새해에도 국수처럼 길고 건강하게 오래 살라는 뜻을 담아 도시코시소바(年越し(=한해를 넘긴다는 뜻)そば)를 먹으며, 이사를 하면 우리나라에서 떡을 돌리듯이 일본에서도 이웃들에게 소바를 돌리는데 옆집으로 이사를 왔다(=おそばに参りました : 여기서 쓰인 소바(傍)란 '옆'이란 뜻. 국수(そば)와 발음이 같다.)라는 의미에서 이러한 관습이 이어졌다고 한다. 이것을 힛코시소바(引越し(=이사)そば)라고 하는데 우리나라와 마찬가지로 요즈음은 소바 대신 다른 것을 돌리거나 아무것도 돌리지 않는 경우도 많다.

　일본인들은 평소에도 소바를 매우 즐겨 먹으며, 그 종류도 다양하다. 익혀서 채(ざる)에 건져 낸 국수를 간장에 찍어내어 먹는 자루소바(ざるそば), 동물이름을 딴 다누키소바(たぬき(=너구리)そば), 기츠네소바(きつね(=여우)そば) 등과 같이 국물에 말아 먹는 것도 있다. 또한 야키소바(やきそば)라고 하는 것도 있는데 이것은 이름에 소바가 들어있기는 하지만 메밀국수가 아닌 생라면에 돼지고기와 야채를 넣어 철판에 볶은 것이다.

▶ 필수 초급 한자

会
만날 회

쓰는 순서 | 会 会 会 会 会 会

・会う 만나다　・会社 회사

出
날 출

쓰는 순서 | 出 出 出 出 出

・出る 나가(오)다　・出口 출구

読
읽을 독

쓰는 순서 | 読 読 読 読 読 読 読 読 読 読 読 読 読 読

・読む 읽다　・読書 독서

変
변할 변

쓰는 순서 | 変 変 変 変 変 変 変 変 変

・変わる 변하다　・変化 변화

閉
닫을 폐

쓰는 순서 | 閉 閉 閉 閉 閉 閉 閉 閉 閉 閉 閉

・閉める 닫다　・閉鎖 폐쇄

12

いっしょに
見に行かない？

- どうしたの？
- 来週の日曜日だよ。
- ハナさんに電話してみるよ。
- 彼女はきれいだけど性格はよくない。

〈본문〉

□ もしもし 여보세요

□ どうしたの？ 무슨 일이야?

□ ごめん(＝ごめんなさい) 미안(합니다)

□ 今 지금
   いま

□ 残念だ 아쉽다, 유감이다
   ざんねん

□ また 또

〈1단계〉

□ てんぷら 튀김

□ 定食 정식
   ていしょく

〈2단계〉

□ つかれる 피곤하다, 지치다

□ 仕事 일
   しごと

□ やる 하다

□ 神田 간다(일본지명)
   かん だ

□ 彼 그
   かれ

□ 頭 머리
   あたま

□ 最後 마지막
   さい ご

□ 彼女 그녀
   かのじょ

□ 性格 성격
   せいかく

□ できる 할 수 있다, 가능하다

□ ねっしんに 열심히

□ 成績 성적
   せいせき

〈3단계〉

□ 予定 예정
   よ てい

□ 変わる 바뀌다
   か

□ ゲーム 게임

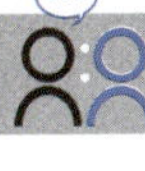 **42**

다쿠야는 하루카에게 축구장에 같이 갈 것을 권한다.

たくや	もしもし、はるか？たくやだけど。
はるか	うん、どうしたの？
たくや	サッカーのチケットがあるから、 いっしょに見に行かない？
はるか	いつ？
たくや	来週の日曜日だよ。時間ある？
はるか	ごめん、行きたいけど、今、沖縄にいるんだ。
たくや	えー、残念だな。
はるか	ハナさんに聞いてみる？ ハナさんもサッカーを見るのが好きだよ。
たくや	そうか。ハナさんに電話してみるよ。ありがとう。
はるか	じゃ、またね。

1 보통체와 정중체

보통체는 반말 표현으로 친한 사이에 사용한다.

① い형용사		보통체	정중체
긍정	현재	やさしい	やさしいです
	과거	やさしかった	やさしかったです
부정	현재	やさしくない	やさしくありません
	과거	やさしくなかった	やさしくありませんでした

② な형용사 / 명사		보통체	정중체
긍정	현재	便利だ	便利です
	과거	便利だった	便利でした
부정	현재	便利ではない	便利ではありません
	과거	便利ではなかった	便利ではありませんでした

③ 동사		보통체	정중체
긍정	현재	開ける	開けます
	과거	開けた	開けました
부정	현재	開けない	開けません
	과거	開けなかった	開けませんでした

2 동사 ～た ~했다, ~한

- 동사 「～た」의 접속은 「て」와 같다. (11과 참조)
  예 昨日はてんぷら定食を食べた。
  　友だちが遊びにきた。

3 접속조사 ～けど ~하지만, けれども의 축약표현

예 サッカーは好きだけど、うまくない。

138

1 보통체

- とてもつかれた。どこへも行きたくない。
- その仕事は私がやる。
- 神田さんはいっしょに行くと思うよ。
- 新しいゲーム、とてもおもしろいよ。
- このかばん、かわいい。買いたいな。
- きょねんまで、彼は学生だった。

2 〜た　~했다, ~한

- 頭がいたくてはやく家に帰った。
- ゆうべ彼と映画を見た。
- 昨日、最後に帰った人はだれ？
- 昨日の映画はとてもおもしろかった。
- 今度の旅行は大変だった。

3 〜けど　~하지만

- 彼女はきれいだけど、性格はよくない。
- 日本語はできるけど、中国語はできない。
- ねっしんに勉強したけど、成績はよくなかった。
- いもうとは頭がよかったけど、あねはあまりよくなかった。

1 다음의 표를 채워 봅시다.

やさしい	やさしかった	やさしくない	やさしくなかった
おもしろい			
かわいい			
おいしい			
むずかしい			
いい			

2 다음의 표를 채워 봅시다.

便利だ	便利だった	便利じゃない	便利じゃなかった
きれいだ			
まじめだ			
上手だ			
親切だ			
げんきだ			

3 다음의 표를 채워 봅시다.

起きる	起きます	起きない	起きて
行く			
買う			
入る			
見る			
来る			

ショッピング②

眼鏡 안경	手袋 장갑	長靴 장화	指輪 반지	腕時計 손목시계
めがね	てぶくろ	ながぐつ	ゆびわ	うでどけい

4 보기와 같이 （　　　）안에 조사를 써 넣어 봅시다.

> 보기
>
> 
>
> 私は8時（　に　）起きます。

① 韓国語（　　　　　）「おはよう」は何といいますか。

② 10時（　　　　　）　京都駅に着きます。

③ 夏休みには韓国（　　　　　）帰ります。

④ としょかん（　　　　　）　勉強をする予定です。

⑤ 教室（　　　　）田中さんがいました。

⑥ 家（　　　　）学校（　　　　　）、2時間かかります。

5 보기와 같이 단어를 골라서 쓰고 말해 봅시다.

> 보기
>
> きれいだ／やさしくない
>
> **A**：数学の先生はどうだった？
>
> **B**：きれいだったけど、やさしくなかった。

① やさしい／かっこよくない

　A：友だちはどうだった？

　B：___________________________________

② かわいい／踊りが下手だ

　A：その歌手はどうだった？

　B：___________________________________

③ 先生はこわくない／勉強が大変だ

　A：学校はどうだった？

　B：___________________________________

ショッピング②

ピアス 피어스　　　　ハイヒール 하이힐　　　スニーカー 스니커　　　ブレスレット 팔찌　　　ネックレス 목걸이

④ 楽しい／むずかしい

A：勉強はどうだった？

B：＿＿＿＿＿＿＿＿＿＿＿＿＿＿＿＿＿＿＿＿＿＿＿＿

6 쇼핑을 하고 있습니다. 전부 얼마인지 (　　) 안에 적어 봅시다. 

① 

ボールペン／
ノート

（　　　　　　　）

②

ハンバーガー／
コーラ

（　　　　　　　）

③ 

ネクタイ／
シャツ

（　　　　　　　）

7 CD를 듣고 질문에 알맞은 답을 적어봅시다. 

① スヤンさんは朝、何時に起きましたか。

＿＿＿＿＿＿＿＿＿＿＿＿＿＿＿＿＿＿＿＿＿＿＿＿＿＿

② さとしくんは朝、何をしましたか。

＿＿＿＿＿＿＿＿＿＿＿＿＿＿＿＿＿＿＿＿＿＿＿＿＿＿

③ さとしくんは最近、何か変わったことがありましたか。

＿＿＿＿＿＿＿＿＿＿＿＿＿＿＿＿＿＿＿＿＿＿＿＿＿＿

가업을 물려받지 않으면 유산도 없다?!

　저자가 살던 집 골목 어귀에는 날이 어둑어둑해지면 하루도 어김없이 오뎅 포장마차가 들어선다. 30대의 인상 좋은 아저씨가 요리사 복장을 하고 몹시 즐거운 표정으로 "어서오세요(いらっしゃい)"하며 골목이 떠나가게 외쳐댄다. 직업에 대한 상당한 프라이드를 느낄 수가 있었다. 초겨울 저녁, 따끈한 정종 한잔에 오뎅 1인분을 시키니 약간 오목한 접시에 오뎅 건더기와 국물 한 국자를 준다. 커다란 그릇에 가득한 국물을 훌훌 마시노라면 추위도 잊어버리는 그 맛을 기대했던지라 인상 좋은 주인에게 국물을 더 요구하자 다시금 한 국자 달랑 퍼주며, 이 국물이 자신의 아버지 때부터 내려온 30년 된 국물이라며 자랑이다. 자신의 아버지도 이 자리에서 오뎅 포장마차를 하였다며, 늘 남은 국물에 다시 국물을 더 내는 것이라 이렇게 진국이 된다는 말에 더 이상 국물을 요구할 수가 없었다.

　일본은 예로부터 선대로부터 내려오는 가업을 상당히 중요하게 여기고 있으며, 여러 분야에서 세습제가 이루어지고 있다. 아들이라 하여도 가업을 물려받지 않으면 유산을 전혀 주지 않고 대신 사위를 양자로 들여 사위의 성씨를 처가의 성씨로 바꾸어 가업을 이어가게 하는 일도 볼 수 있다고 한다. 하지만 이러한 직업세습에 대한 인식도 많이 바뀌어 가고 있는 것이 최근 일본의 현실이기도 하다.

▶ 필수 초급 한자

考
생각할 고

쓰는 순서 | 考 考 考 考 考 考

· 考える 생각하다　· 参考 참고

動
움직일 동

쓰는 순서 | 動 動 動 動 動 動 動 動 動 動 動

· 動く 움직이다　· 行動 행동

要
요긴할 요

쓰는 순서 | 要 要 要 要 要 要 要 要 要

· 要る 필요하다　· 重要 중요

着
붙을 착

쓰는 순서 | 着 着 着 着 着 着 着 着 着 着 着 着

· 着く 도착하다　· 到着 도착

終
마칠 종

쓰는 순서 | 終 終 終 終 終 終 終 終 終 終

· 終わる 끝나다　· 最終 최종

부록

① 숫자 / 조수사 / 월 / 일 / 요일 / 년·월·주·일 /
계절 / 위치 / 조사 정리

② 정답 및 듣기 스크립트

③ 본문 해석

④ 히라가나 / 가타카나 쓰기 노트 (별책)

1 숫자

0	れい・ゼロ	20	にじゅう	200	にひゃく	2,000	にせん
1	いち	30	さんじゅう	300	さんびゃく	3,000	さんぜん
2	に	40	よんじゅう	400	よんひゃく	4,000	よんせん
3	さん	50	ごじゅう	500	ごひゃく	5,000	ごせん
4	し・よ・よん	60	ろくじゅう	600	ろっぴゃく	6,000	ろくせん
5	ご	70	しち(なな)じゅう	700	ななひゃく	7,000	ななせん
6	ろく	80	はちじゅう	800	はっぴゃく	8,000	はっせん
7	しち・なな	90	きゅうじゅう	900	きゅうひゃく	9,000	きゅうせん
8	はち	100	ひゃく	1,000	せん	10,000	いちまん
9	きゅう・く					100,000	じゅうまん
10	じゅう					1,000,000	ひゃくまん

2 조수사

사물을 셀 때		사람을 셀 때		시간(〜시)		시간(〜분)	
1つ	ひとつ	1人	ひとり	1時	いちじ	1分	いっぷん
2つ	ふたつ	2人	ふたり	2時	にじ	2分	にふん
3つ	みっつ	3人	さんにん	3時	さんじ	3分	さんぷん
4つ	よっつ	4人	よにん	4時	よじ	4分	よんぷん
5つ	いつつ	5人	ごにん	5時	ごじ	5分	ごふん
6つ	むっつ	6人	ろくにん	6時	ろくじ	6分	ろっぷん
7つ	ななつ	7人	しちにん	7時	しちじ	7分	ななふん
8つ	やっつ	8人	はちにん	8時	はちじ	8分	はちふん / はっぷん
9つ	ここのつ	9人	く(きゅう)にん	9時	くじ	9分	きゅうふん
10	とお	10人	じゅうにん	10時	じゅうじ	10分	じゅっぷん
몇 개	いくつ	몇 명	なんにん	몇 시	なんじ	몇 분	なんぷん

개		장		자루		마리	
1個	いっこ	1枚	いちまい	1本	いっぽん	1匹	いっぴき
2個	にこ	2枚	にまい	2本	にほん	2匹	にひき
3個	さんこ	3枚	さんまい	3本	さんぼん	3匹	さんびき
4個	よんこ	4枚	よんまい	4本	よんほん	4匹	よんひき
5個	ごこ	5枚	ごまい	5本	ごほん	5匹	ごひき
6個	ろっこ	6枚	ろくまい	6本	ろっぽん	6匹	ろっぴき
7個	ななこ	7枚	ななまい	7本	ななほん	7匹	ななひき
8個	はちこ はっこ	8枚	はちまい	8本	はちほん はっぽん	8匹	はっぴき
9個	きゅうこ	9枚	きゅうまい	9本	きゅうほん	9匹	きゅうひき
10個	じゅっこ	10枚	じゅうまい	10本	じゅっぽん	10匹	じゅっぴき
몇 개	なんこ	몇 장	なんまい	몇 자루	なんぼん	몇 마리	なんびき

층		잔		나이(~살)		책(~권)	
1階	いっかい	1杯	いっぱい	1才	いっさい	1冊	いっさつ
2階	にかい	2杯	にはい	2才	にさい	2冊	にさつ
3階	さんがい さんかい	3杯	さんばい	3才	さんさい	3冊	さんさつ
4階	よんかい	4杯	よんはい	4才	よんさい	4冊	よんさつ
5階	ごかい	5杯	ごはい	5才	ごさい	5冊	ごさつ
6階	ろっかい	6杯	ろっぱい	6才	ろくさい	6冊	ろくさつ
7階	ななかい	7杯	ななはい	7才	ななさい	7冊	ななさつ
8階	はっかい	8杯	はっぱい	8才	はっさい	8冊	はちさつ はっさつ
9階	きゅうかい	9杯	きゅうはい	9才	きゅうさい	9冊	きゅうさつ
10階	じゅっかい	10杯	じゅっぱい	10才	じゅっさい	10冊	じゅっさつ
몇 층	なんがい なんかい	몇 잔	なんばい	몇 살	なんさい	몇 권	なんさつ

3 월(月)

1月	2月	3月	4月	5月	6月
いちがつ	にがつ	さんがつ	しがつ	ごがつ	ろくがつ
7月	8月	9月	10月	11月	12月
しちがつ	はちがつ	くがつ	じゅうがつ	じゅういちがつ	じゅうにがつ

4 일(日)

1日	2日	3日	4日	5日	6日	7日
ついたち	ふつか	みっか	よっか	いつか	むいか	なのか
8日	9日	10日	11日	12日	13日	14日
ようか	ここのか	とおか	じゅういちにち	じゅうににち	じゅうさんにち	じゅうよっか
15日	16日	17日	18日	19日	20日	21日
じゅうごにち	じゅうろくにち	じゅうしちにち	じゅうはちにち	じゅうくにち	はつか	にじゅういちにち
22日	23日	24日	25日	26日	27日	28日
にじゅうににち	にじゅうさんにち	にじゅうよっか	にじゅうごにち	にじゅうろくにち	にじゅうしちにち	にじゅうはちにち
29日	30日	31日				
にじゅうくにち	さんじゅうにち	さんじゅういちにち				

5 요일(曜日)

日曜日	月曜日	火曜日	水曜日	木曜日	金曜日	土曜日
にちようび	げつようび	かようび	すいようび	もくようび	きんようび	どようび

6 년·월·주·일(年·月·週·日)

一昨年	去年·昨年	今年	来年	再来年
おととし	きょねん さくねん	ことし	らいねん	さらいねん
先々月	**先月**	**今月**	**来月**	**再来月**
せんせんげつ	せんげつ	こんげつ	らいげつ	さらいげつ
先々週	**先週**	**今週**	**来週**	**再来週**
せんせんしゅう	せんしゅう	こんしゅう	らいしゅう	さらいしゅう
一昨日	**昨日**	**今日**	**明日**	**明後日**
おととい	きのう	きょう	あした	あさって

7 계절(季節)

春	夏	秋	冬
はる	なつ	あき	ふゆ

8 위치(位置)

前(まえ)	앞	**後(うし)ろ**	뒤	**上(うえ)**	위	**下(した)**	밑, 아래
中(なか)	안	**外(そと)**	바깥	**左(ひだり)**	왼쪽	**右(みぎ)**	오른쪽
よこ	옆	**となり**	옆				

▶「となり」는 바로 옆에 있는 것만을 가리키고, 「よこ」는 바로 옆이 아니더라도 옆 쪽에 있는 것을 모두 가리킨다. となり는 크기가 비슷한 것이 옆에 있을 때 사용할 수 있지만, 크기 차이가 많이 날 때는 사용할 수 없다.

예 ビルの　となりに　山下さんが　います。（×）

　　ビルの　よこに　山下さんが　います。　（○）

　　ビルの　となりに　郵便局が　あります。（○）

9 조사 정리(격조사, 부조사, 접속조사, 종조사)

は	은/는	山下さんは日本人です。
の	의	山田さんは私の友だちです。
	의 것	それは私のじゃありません。
が	이/가	教室にだれがいますか。
	을/를	キムさんは歌が上手です。
		サッカーがいちばん好きです。
	~지만	安いですが、あまりおいしくありません。
に	에(존재장소)	机の上に財布があります。
	에(시간)	6時に起きました。
	을/를	友だちに会いました。
	이/가	先生になりたいです。
	에(도착지)	6時に京都駅につきます。
	에게	先生にメールを送ります。
	하러	公園へ散歩に行きます。
へ	으로(방향)	夏休みに国へ帰ります。
で	에서	としょかんで勉強します。
	로(수단,도구)	電車で1時間ぐらいかかります。
から	부터	授業は10時からです。
	니까	私が案内しますから、安心してください。
まで	까지	ソウルからプサンまで車で行きます。
と	와/과	バナナとりんごをください。
	와/과	これはあれと同じです。
	와/과	私といっしょに海へ行きましょう。
	라고	駅前に「アルプス」というスポーツ用品店があります。
を	을/를	赤いシャツをください。
や	와/과	本やノートなどがあります。
も	도	沖縄にも大学がありますか。
	나	8つもあります。
より	보다	バナナよりりんごの方がおいしいです。
ほど	만큼	日本語は英語ほど上手じゃありません。
けど	지만	ねっしんに勉強したけど、成績はよくなかった。
か	인가	なんか食べましょうか。
	까	メロンはいくらですか。
ね	군요/지요	今日はいい天気ですね。
よ	해요	これ、安いですよ。

01 はじめまして。イハナです。

1

① A：ワンさんは　中国人ですか。
B：はい、そうです。わたしは　中国人です。

② A：スミスさんは　アメリカ人ですか。
B：はい、そうです。
わたしは　アメリカ人です。

③ A：キムさんは　先生ですか。
B：はい、そうです。わたしは　先生です。

④ A：森さんは　大学生ですか。
B：はい、そうです。わたしは　大学生です。

2

① A：ワンさんは　2年生ですか。
B：いいえ、2年生では（じゃ）
ありません。1年生です。

② A：スミスさんは　1年生ですか。
B：いいえ、1年生では（じゃ）
ありません。2年生です。

③ A：キムさんは　3年生ですか。
B：いいえ、3年生では（じゃ）
ありません。2年生です。

④ A：森さんは　2年生ですか。
B：いいえ、2年生では（じゃ）
ありません。4年生です。

3

① A ：これは　山田さんの　ノートですか。
B1：はい、わたしのです。
B2：いいえ、わたしの　ノートでは（じゃ）
ありません。田中さんのです。

② A ：これは　山田さんの　ネクタイですか。
B1：はい、わたしのです。
B2：いいえ、わたしの　ネクタイでは（じゃ）
ありません。田中さんのです。

③ A ：これは　山田さんの　本ですか。
B1：はい、わたしのです。
B2：いいえ、わたしの　本では（じゃ）
ありません。田中さんのです。

④ A ：これは　山田さんの　かばんですか。
B1：はい、わたしのです。
B2：いいえ、わたしの　かばんでは（じゃ）
ありません。田中さんのです。

4　（14）

① A：はじめまして。山田です。1年生です。
どうぞ　よろしく　おねがいします。
B：こちらこそ。どうぞ　よろしく。

② A：田中さんは　会社員ですか。
B：いいえ、会社員じゃ　ありません。
大学生です。
A：アンさんは？
B：わたしは　高校生です。

5　（15）

① A：これは　山田さんの　ネクタイですか。
B：いいえ、わたしの　ネクタイじゃ
ありません。スミスさんのです。

② A：それは　森さんの　本ですか。
B：はい、わたしのです。

③ A：あれは　キムさんの　ノートですか。
B：はい、わたしのです。

④ A：これは　スミスさんの　カメラですか。
　 B：いいえ、わたしの　カメラじゃ
　　　ありません。山田さんのです。
　　　　　　　　　　やまだ

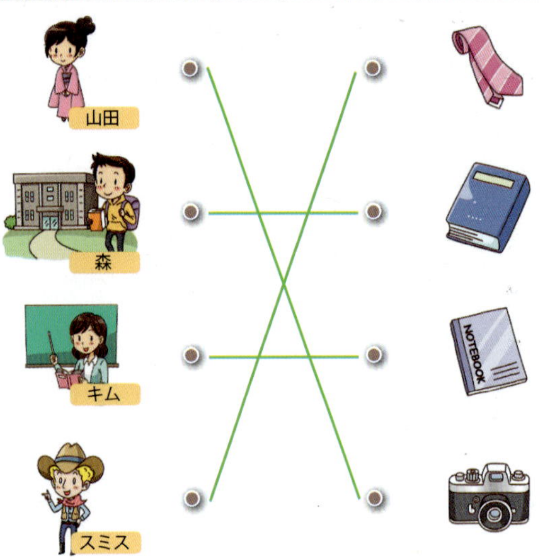

02 ここはとしょかんです。

1

① としょかんの　前に　ばいてんが　あります。
　　　　　　　まえ
② 食堂に　山田さんが　います。
　 しょくどう　やまだ
③ いすの　下に　かばんが　あります。
　　　　した
④ 山下さんの　となりに　田中さんが　います。
　 やました　　　　　　　　たなか

2

① A：テレビの　上に　何が　ありますか。
　　　　　　　うえ　なに
　 B：カメラが　あります。
② A：れいぞうこの　中に　何が　ありますか。
　　　　　　　　　なか　なに
　 B：ぎゅうにゅうが　あります。
③ A：銀行の　前に　だれが　いますか。
　　　ぎんこう　まえ
　 B：田中さんが　います。
　　　たなか
④ A：いすの　下に　何が　いますか。
　　　　　　した　なに
　 B：犬が　います。
　　　いぬ

3

① A：かばんは　どこに　ありますか。
　 B：ベッドの　上に　あります。
　　　　　　　うえ
② A：パソコンは　どこに　ありますか。
　 B：つくえの　上に　あります。
　　　　　　　うえ
③ A：ノートは　どこに　ありますか。
　 B：パソコンの　となりに　あります。
④ A：ねこは　どこに　いますか。
　 B：つくえの　下に　います。
　　　　　　　した

4 🎧17

A：山下さんと　田中さんは　どこに
　 やました　　たなか
　 いますか。
B：山下さんは　教室に　います。
　 やました　　きょうしつ
　 田中さんは　山下さんの　となりに
　 たなか　　　やました
　 います。

5 🎧18

① A：あのう、トイレは　どこですか。
　 B：ええと……、あそこです。
　　　かいだんの　左に　あります。
　　　　　　　　ひだり
② A：あっ、あそこに　山田さんが　います。
　　　　　　　　　　やまだ
　 B：えっ、どこですか。
　 A：かいだんの　前です。
　　　　　　　　まえ

① c. かいだんの　左
　　　　　　　　ひだり
② b. かいだんの　前
　　　　　　　　まえ

03 すこし辛いですが、 おいしいですよ。

1

① A ：食堂は　ひろいですか。
　B1：はい、ひろいです。
　B2：いいえ、ひろく　ありません。

② A ：ネクタイは　高いですか。
　B1：はい、高いです。
　B2：いいえ、高く　ありません。

③ A ：日本語は　おもしろいですか。
　B1：はい、おもしろいです。
　B2：いいえ、おもしろく　ありません。

④ A ：へやは　あかるいですか。
　B1：はい、あかるいです。
　B2：いいえ、あかるく　ありません。

2

① A ：この　食堂は　どうですか。
　B ：この　食堂は　高いですが、
　　　おいしいです。

② A ：この　カメラは　どうですか。
　B ：この　カメラは　やすいですが、
　　　重いです。

③ A ：キムチは　どうですか。
　B ：キムチは　辛いですが、
　　　おいしいです。

④ A ：この　パソコンは　どうですか。
　B ：この　パソコンは　いいですが、
　　　高いです。

3

① A ：いらっしゃいませ。
　B ：コーヒーは　いくらですか。
　A ：250円です。
　B ：じゃあ、これで　おねがいします。

② A ：いらっしゃいませ。
　B ：パンは　いくらですか。
　A ：130円です。
　B ：じゃあ、これで　おねがいします。

③ A ：いらっしゃいませ。
　B ：コーラは　いくらですか。
　A ：150円です。
　B ：じゃあ、これで　おねがいします。

④ A ：いらっしゃいませ。
　B ：ラーメンは　いくらですか。
　A ：400円です。
　B ：じゃあ、これで　おねがいします。

4　20

① キムさんは（　やさしい　）ですが、
　（　おもしろく　）ありません。
② この　ジュースは（　高い　）ですが、
　（　おいしく　）ありません。
③ わたしの　へやは（　ひろい　）ですが、
　（　あかるく　）ありません。

5　21

① A ：いらっしゃいませ。
　B ：この　カメラは　いくらですか。
　A ：36000円です。
　B ：すこし　高いですね。

② A：いらっしゃいませ。

B：この　あかい　シャツは　いくらですか。

A：5400円です。やすいですよ。

③ A：いらっしゃいませ。

B：この　ネクタイは　いくらですか。

A：3800円です。

B：じゃあ、これで　おねがいします。

④ A：いらっしゃいませ。

B：その　ノートは　いくらですか。

A：これですね。230円です。

⑤ A：いらっしゃいませ。

B：アイスクリームは　いくらですか。

A：320円です。

⑥ A：いらっしゃいませ。

B：ジュースは　いくらですか。

A：120円です。

B：じゃあ、これ　ください。

① 36000円　　　② 5400円
③ 3800円　　　④ 230円
⑤ 320円　　　⑥ 120円

04 どんなところですか。

1

① 富士山は　有名な　山です。
② ソウルは　にぎやかな　ところです。
③ 私の　ふるさとは　しずかな　ところです。
④ スヤンさんは　まじめな　人です。

2

① A：この　レストランは　有名ですか。

B1：はい、有名です。

B2：いいえ、あまり　有名では（じゃ）
　　ありません。

② A：田中さんは　テニスが　上手ですか。

B1：はい、上手です。

B2：いいえ、あまり　上手では（じゃ）
　　ありません。

③ A：教室は　しずかですか。

B1：はい、しずかです。

B2：いいえ、あまり　しずかでは（じゃ）
　　ありません。

④ A：この　パソコンは　べんりですか。

B1：はい、べんりです。

B2：いいえ、あまり　べんりでは（じゃ）
　　ありません。

3

① A：つくえの　上に　何が　ありますか。

B：はい、ボールペンが　あります。

A：いくつ　ありますか。

B：4つ　あります。

② A：れいぞうこの　中に　何が　ありますか。

B：はい、レモンが　あります。

A：いくつ　ありますか。

B：5つ　あります。

③ A：テレビの　前に　何が　ありますか。

B：はい、カメラが　あります。

A：いくつ　ありますか。

B：ひとつ　あります。

④ A：いすの　下に　何が　ありますか。
B：はい、かばんが　あります。
A：いくつ　ありますか。
B：3つ　あります。

4

① れいぞうこの　中に　ビールが
（　3つ　）、コーラが（　5つ　）
あります。
② つくえの　上に　ボールペンが
（　4つ　）、ノートが（　9つ　）
あります。
③ 教室に　つくえが（　8つ　）、
いすが（　7つ　）あります。

5

① A：キムさんの　へやは　きれいですか。
B：いいえ、あまり　きれいでは
あ리ません。
② A：あの　レストランは　有名ですか。
B：はい、有名です。
③ A：ミョンドンは　にぎやかですか。
B：はい、にぎやかです。
④ A：食堂は　しずかですか。
B：はい、しずかです。
⑤ A：キムさんは　まじめですか。
B：いいえ、あまり　まじめじゃ
ありません。

①×　　②○　　③○　　④×　　⑤×

05　気持ちよくて、最高でした。

1

① A：りょこうは　楽しかったですか。
B1：はい、楽しかったです。
B2：いいえ、楽しく　ありませんでした。
② A：パーティーは　おもしろかったですか。
B1：はい、おもしろかったです。
B2：いいえ、おもしろく　ありませんでした。
③ A：トンカツは　おいしかったですか。
B1：はい、おいしかったです。
B2：いいえ、おいしく　ありませんでした。
④ A：おんせんは　よかったですか。
B1：はい、よかったです。
B2：いいえ、よく　ありませんでした。

2

① A：としょかんは　しずかでしたか。
B1：はい、しずかでした。
B2：いいえ、しずかでは　ありませんでした。
② A：ソウルは　にぎやかでしたか。
B1：はい、にぎやかでした。
B2：いいえ、にぎやかでは　ありませんで
した。
③ A：キムさんは　元気でしたか。
B1：はい、元気でした。
B2：いいえ、元気では　ありませんでした。
④ A：田中さんは　まじめでしたか。
B1：はい、まじめでした。
B2：いいえ、まじめでは　ありませんでした。

3

① A：あの　ケーキは　どうですか。

　 B：あまくて　おいしいです。

② A：この　食堂は　どうですか。

　 B：にぎやかで　ひろいです。

③ A：キムさんは　どうですか。

　 B：元気で　おもしろいです。

④ A：森さんの　犬は　どうですか。

　 B：小さくて　かわいいです。

4　🎧26

① ミョンドンは　人が（　多くて　）、
　（　にぎやか　）です。

② ここは　えきが（　近くて　）、
　（　べんり　）です。

③ としょかんは（　しずかで　）、
　（　いい　）です。

5　🎧27

① A：あの　人は　日本人でしょうか。

　 B：ええ、日本人でしょう。

② A：この　りょうりは　高いでしょうか。

　 B：いいえ、やすいでしょう。

③ A：あの　人は　元気でしょうか。

　 B：ええ、元気でしょう。

④ A：あしたの　天気は　いいでしょうか。

　 B：ええ、いいでしょう。

① a　　　② b　　　③ b　　　④ a

---

06 勉強より運動のほうが
とくいです。

1

① A：夏と　冬と　どちらが　好きですか。

　 B：夏より　冬の　ほうが　好きです。

② A：大阪と　京都と　どちらが
　　ひろいですか。

　 B：大阪より　京都の　ほうが　ひろいです。

③ A：ソウルと　北海道と　どちらが
　　さむいですか。

　 B：ソウルより　北海道の　ほうが
　　さむいです。

④ A：犬と　ねこと　どちらが
　　かわいいですか。

　 B：犬より　ねこの　ほうが　かわいいです。

2

① A：キムさんは　森さんより　親切ですか。

　 B：キムさんも　親切ですが、森さんほど
　　親切では　ありません。

② A：英語は　日本語より　おもしろいですか。

　 B：英語も　おもしろいですが、
　　日本語ほど　おもしろく　ありません。

③ A：パクさんは　キムさんより
　　やさしいですか。

　 B：パクさんも　やさしいですが、
　　キムさんほど　やさしく　ありません。

④ A：ラーメンは　カレーより
　　おいしいですか。

　 B：ラーメンも　おいしいですが、
　　カレーほど　おいしく　ありません。

3

① A：スポーツの　中で、何が　いちばん
　　　上手ですか。

　　B：サッカーが　いちばん　上手です。

② A：韓国りょうりの　中で、
　　　何が　いちばん　好きですか。

　　B：プルコギが　いちばん　好きです。

③ A：韓国の　中で、どこが　いちばん
　　　さむいですか。

　　B：カンウォンドが　いちばん　さむいです。

④ A：きせつの　中で、いつが　いちばん
　　　好きですか。

　　B：春が　いちばん　好きです。

4　　　29

① 中村さん（　より　）、田中さんの
　　（　ほうが　まじめです　）。

② スポーツの　中で、（　サッカーが
　　いちばん　好きです　）。

③ バスは（　地下鉄ほど　べんりでは
　　ありません　）。

5　　　30

① A：バスと　地下鉄と　どちらの　ほうが
　　　べんりですか。

　　B：バスも　べんりですが、
　　　地下鉄の　ほうが　べんりです。

② A：りょうりの　中で、何が　いちばん
　　　好きですか。

　　B：好きな　りょうりは　多いですが、
　　　カレーが　いちばん　好きです。

③ A：英語は　日本語より　おもしろいですか。

　　B：英語も　おもしろいですが、
　　　日本語ほど　おもしろく　ありません。

④ A：サッカーと　テニスと　どちらの
　　　ほうが　上手ですか。

　　B：どちらも　上手ですが、テニスより
　　　サッカーの　ほうが　上手です。

① b　　　② b　　　③ a　　　④ b

07　どこへ行きますか。

1

① A：日曜日、友だちと会いますか。

　　B：はい、会います。

② A：明日、映画を見ますか。

　　B：はい、見ます。

③ A：毎日、朝ご飯を食べますか。

　　B：はい、食べます。

④ A：毎日、学校に来ますか。

　　B：はい、来ます。

2

① A：よく料理をしますか。

　　B：いいえ、あまりしません。

② A：よくとしょかんに行きますか。

　　B：いいえ、あまり行きません。

③ A：よく公園で遊びますか。

　　B：いいえ、あまり遊びません。

④ A：よくプールで泳ぎますか。

　　B：いいえ、あまり泳ぎません。

3

① A：火曜日は何をしますか。
　 B：買い物をするつもりです。
② A：水曜日は何をしますか。
　 B：テニスをするつもりです。
③ A：金曜日は何をしますか。
　 B：お酒を飲むつもりです。
④ A：土曜日は何をしますか。
　 B：映画を見るつもりです。

4

① A：デパートは何時から何時までですか。
　 B：午前10時半から午後8時までです。
② A：カフェは何時から何時までですか。
　 B：午前7時から午後11時までです。
③ A：食堂は何時から何時までですか。
　 B：午前11時半から午後2時半までです。
④ A：授業は何時から何時までですか。
　 B：午前9時から午後5時までです。

5 ⟨32⟩

パク：山田さん、週末、何をしますか。
山田：私は、土曜日にとしょかんに行く
　　　つもりです。パクさんは？
パク：私は旅行をするつもりです。
山田：そうですか。どこへ行きますか。
パク：プサンです。ソウルからプサンまで
　　　バスで行くつもりです。
山田：いいですね。田中さんは何をしますか。
田中：私は家で料理をするつもりです。

① 勉強　　　　　　一　山田
② 料理　　　　　　一　田中
③ バス旅行　　　　一　パク

08 今日は何をしましたか。

1

① A：今朝、早く起きましたか。
　 B1：はい、起きました。
　 B2：いいえ、起きませんでした。
② A：先週、テニスをしましたか。
　 B1：はい、しました。
　 B2：いいえ、しませんでした。
③ A：夏休み、日本へ行きましたか。
　 B1：はい、行きました。
　 B2：いいえ、行きませんでした。
④ A：昨日、友だちに会いましたか。
　 B1：はい、会いました。
　 B2：いいえ、会いませんでした。

2

① A：いっしょに勉強をしましょうか。
　 B1：いいですね。そうしましょう。
　 B2：すみません、今日はちょっと……。
② A：いっしょにカラオケに行きましょうか。
　 B1：いいですね。そうしましょう。
　 B2：すみません、今日はちょっと……。
③ A：いっしょにご飯を食べましょうか。
　 B1：いいですね。そうしましょう。
　 B2：すみません、今日はちょっと……。

④ A ：いっしょに映画を見ましょうか。

　B1：いいですね。そうしましょう。

　B2：すみません、今日はちょっと……。

3

① A：今日、何がしたいですか。

　B：買い物がしたいです。

② A：今日、何がしたいですか。

　B：友だちと遊びたいです。

③ A：今日、何がしたいですか。

　B：お酒が飲みたいです。

④ A：今日、何がしたいですか。

　B：家で休みたいです。

4

① A：これは何という料理ですか。

　B：「カツどん」という料理です。

② A：これは何というアニメですか。

　B：「ワンピース」というアニメです。

③ A：これは何という店ですか。

　B：「アルプス」という店です。

④ A：これは何というお酒ですか。

　B：「チャミスル」というお酒です。

5

田中：キムさん、今日は何がしたいですか。

キム：映画が見たいです。

　　　田中さん、いっしょに映画を
　　　見ましょうか。

田中：いいですね。そうしましょう。

　　　パクさんはどうしますか。

パク：私はとしょかんで勉強したいです。

　　　山田さん、いっしょに勉強しましょうか。

山田：私は週末に勉強したくありません。

　　　家で寝たいです。

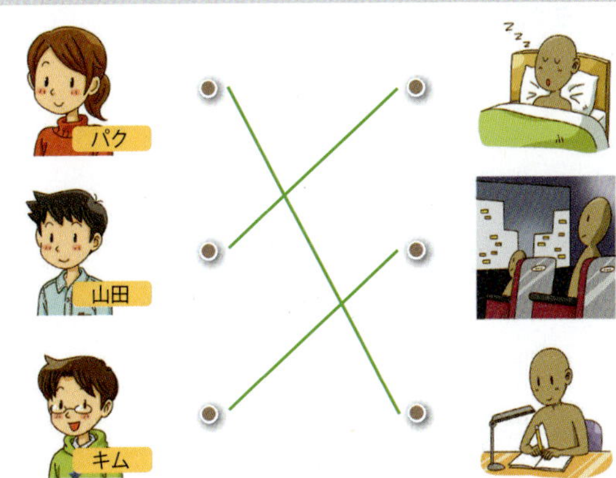

09 プレゼントを買いに行きます。

1

① A：毎日、本を読みますか。

　B：いいえ、読まない日もあります。

② A：毎日、宿題をしますか。

　B：いいえ、しない日もあります。

③ A：毎日、朝ご飯を食べますか。

　B：いいえ、食べない日もあります。

④ A：毎日、お酒を飲みますか。

　B：いいえ、飲まない日もあります。

2

① A：授業中に寝ないでください。

　B：はい、わかりました。

② A：おかしを食べないでください。

　B：はい、わかりました。

③ A：としょかんでおしゃべりしないで
　　　ください。
　 B：はい、わかりました。
④ A：ごみを捨てないでください。
　 B：はい、わかりました。

3

① A：昨日、何をしに行きましたか。
　 B：お酒を飲みに行きました。
② A：昨日、何をしに行きましたか。
　 B：野球を見に行きました。
③ A：昨日、何をしに行きましたか。
　 B：プレゼントを買いに行きました。
④ A：昨日、何をしに行きましたか。
　 B：プールに泳ぎに行きました。

4

① A ：明日は暑いと思いますか。
　 B1：はい、暑いと思います。
　 B2：いいえ、暑くないと思います。
② A ：田中さんは料理をすると
　　　思いますか。
　 B1：はい、料理をすると思います。
　 B2：いいえ、料理をしないと思います。
③ A ：このネックレスは高いと思いますか。
　 B1：はい、高いと思います。
　 B2：いいえ、高くないと思います。
④ A ：キムさんはお酒が好きだと思いますか。
　 B1：はい、お酒が好きだと思います。
　 B2：いいえ、お酒が好きではないと
　　　思います。

5　　36

キム：わぁ、あの人きれいですね。
田中：うーん。私はあまり……。
キム：そうですか。
　　　田中さんはどんな人が好きですか。
田中：やさしい人が好きです。
　　　それからたばこを吸わない人が
　　　いいです。キムさんは？
キム：私はきれいで、料理が上手な人が
　　　いいです。

① b. やさしい人
② b. きれいな人／c. 料理が上手な人

⑩ 暑くなりましたね。

1

① A：音楽を聞きながら、何をしますか。
　 B：音楽を聞きながら、歩きます。
② A：ジュースを飲みながら、何をしますか。
　 B：ジュースを飲みながら、勉強します。
③ A：テレビを見ながら、何をしますか。
　 B：テレビを見ながら、ご飯を食べます。
④ A：歌を歌いながら、何をしますか。
　 B：歌を歌いながら、そうじをします。

2

① A：将来、何になりたいですか。
　 B：歌手になりたいです。
② A：将来、何になりたいですか。
　 B：専業主婦になりたいです。

③ A：将来、何になりたいですか。
　 B：デザイナーになりたいです。
④ A：将来、何になりたいですか。
　 B：アナウンサーになりたいです。

3
① 顔が赤くなりました。
② 部屋が明るくなりました。
③ 時計が古くなりました。
④ パソコンが安くなりました。

4
① 英語がにがてになりました。
② パクさんがきれいになりました。
③ 交通が便利になりました。
④ キムさんがまじめになりました。

5
① A：キムさんはテレビを見ながら、
　　　何をしますか。
　 B：私はテレビを見ながら、
　　　ご飯を食べます。
② A：木村さんはコーヒーを飲みながら、
　　　何をしますか。
　 B：私はコーヒーを飲みながら、
　　　友だちとおしゃべりをします。
③ A：イさんは音楽を聞きながら、
　　　何をしますか。
　 B：私は音楽を聞きながら、歩きます。
④ A：中村さんはおかしを食べながら、
　　　何をしますか。
　 B：私はおかしを食べながら、
　　　宿題をします。

①○　　②×　　③×　　④○

⑪ 遊びに来てください。

1
① A：早く行ってください。
　 B：はい、わかりました。
② A：手を洗ってください。
　 B：はい、わかりました。
③ A：レポートを出してください。
　 B：はい、わかりました。
④ A：ドアを開けてください。
　 B：はい、わかりました。

2
① A：日本で何をしてみたいですか。
　 B：富士山に登ってみたいです。
② A：日本で何をしてみたいですか。
　 B：着物を着てみたいです。
③ A：日本で何をしてみたいですか。
　 B：京都に行ってみたいです。
④ A：日本で何をしてみたいですか。
　 B：温泉に行ってみたいです。

3
① むずかしいですから、
　 いっしょに考えましょう。
② 眠いですから、少し休みましょう。
③ 今日は仕事ですから、明日会いましょう。
④ 時間がないですから、急ぎましょう。

4 🎧40

① A：日本語はむずかしいですから、
もっと勉強してください。

B：はい、がんばります。

② A：明日までにレポートを出して
ください。

B：はい、わかりました。

③ A：すみませんが、ペンを貸して
ください。

B：はい、いいですよ。

④ A：明日の朝は7時に起きてください。

B：はい、わかりました。

⑤ A：暑いから、窓をあけてください。

B：はい、わかりました。

5 🎧41

山田：パクさん。

日本で何をしてみたいですか。

パク：そうですね。

私は京都に行ってみたいです。

山田：京都ですか。京都で何がしたいですか。

パク：金閣寺に行ってみたいです。

それから、京都の料理も食べて

みたいです。何が有名ですか。

山田：京都は豆腐の料理が有名ですよ。

パク：わぁ、ぜひ食べてみたいですね。

① 金閣寺

② 豆腐の料理

a (③)
b (⑤)
c (④)
d (②)
e (①)

💬12 いっしょに見に行かない？

1

おもしろい ― おもしろかった
おもしろくない
おもしろくなかった

かわいい ― かわいかった
かわいくない
かわいくなかった

おいしい ― おいしかった
おいしくない
おいしくなかった

むずかしい ― むずかしかった
むずかしくない
むずかしくなかった

いい　　　　　－　　よかった
　　　　　　　　　　よくない
　　　　　　　　　　よくなかった

2

きれいだ　　　－　　きれいだった
　　　　　　　　　　きれいじゃない
　　　　　　　　　　きれいじゃなかった

まじめだ　　　－　　まじめだった
　　　　　　　　　　まじめじゃない
　　　　　　　　　　まじめじゃなかった

上手だ　　　　－　　上手だった
　　　　　　　　　　上手じゃない
　　　　　　　　　　上手じゃなかった

親切だ　　　　－　　親切だった
　　　　　　　　　　親切じゃない
　　　　　　　　　　親切じゃなかった

げんきだ　　　－　　げんきだった
　　　　　　　　　　げんきじゃない
　　　　　　　　　　げんきじゃなかった

3

行く　－　行きます／行かない／行って
買う　－　買います／買わない／買って
入る　－　入ります／入らない／入って
見る　－　見ます／見ない／見て
来る　－　来ます／来ない／来て

4

① で　　　　② に　　　　③ に
④ で　　　　⑤ に　　　　⑥ から／まで

5

① B：やさしかったけど、かっこよくなかった。
② B：かわいかったけど、踊りが下手だった。
③ B：先生はこわくなかったけど、
　　　勉強が大変だった。
④ B：楽しかったけど、むずかしかった。

6

① 客　：このボールペンはいくらですか。
　店員：それは、250円です。
　客　：そうですか。ノートはいくらですか。
　店員：ノートは300円です。
　客　：じゃあ、ボールペン3つと
　　　　ノート4つください。
　店員：はい、ありがとうございます。

② 店員：いらっしゃいませ。
　客　：すみません。
　　　　ハンバーガーはいくらですか。
　店員：ハンバーガーはひとつ380円です。
　客　：コーラとセットでいくらですか。
　店員：セットは450円です。
　客　：じゃあ、ハンバーガーとコーラの
　　　　セットをふたつください。
　店員：はい、かしこまりました。

③ 客　：すみません、このネクタイは
　　　　いくらですか。
　店員：そちらは4600円です。
　客　：そのシャツはいくらですか。
　店員：こちらは7800円です。
　客　：少し高いですね。
　店員：高いですが、いいシャツですよ。

客 ：そうですか。じゃあ、ネクタイを
　　ふたつとシャツをひとつください。
店員：はい、ありがとうございます。

① 1950円
② 900円
③ 17000円

7

さとし：スヤン、昨日の夜も暑かったね。
スヤン：そうだね。暑くて大変だった。
さとし：今日は何時に起きた？
スヤン：8時に起きた。さとしは？
さとし：ぼくは6時に起きた。音楽を
　　　　聞きながら、公園を散歩したよ。
スヤン：早く起きたね。
さとし：うん。最近、朝に運動して元気に
　　　　なったよ。スヤンもどう？
スヤン：いいね、私も運動したい。

① 8時
② 公園の散歩
③ 運動をして元気になった

01 はじめまして。イハナです。

하나 : 처음 뵙겠습니다. 이 하나입니다.

하루카 : 저는 모리 하루카입니다.
　　　　잘 부탁드립니다.

하나 : 저야말로 잘 부탁드립니다.
　　　아, 이거 받으세요.

하루카 : 앗, 감사합니다. 이것은 과자인가요?

하나 : 아뇨, 과자가 아닙니다. 차예요.

하루카 : 이 차는 한국 것입니까?

하나 : 네, 그렇습니다.

하루카 : 감사합니다.

02 ここはとしょかんです。

하루카 : 여기는 도서관입니다.

하나 : 한국어 책도 있나요?

하루카 : 네, 있어요.

하나 : 도서관 안에 매점이나 카페 등이 있나요?

하루카 : 아뇨, 없어요.

하나 : 아, 그래요? 한국 도서관에는 있어요.
　　　앗, 저기에 야마다 씨가 있네요.

하루카 : 앗, 어디요?

하나 : 계단 앞이요.

03 すこし辛いですが、 おいしいですよ。

하나 : 이 식당은 메뉴가 많네요.
　　　앗, 라면이 200엔입니까?

하루카 : 싸지만 별로 맛이 없어요.

하나 : 무엇이 맛있습니까?

하루카 : 카레는 어때요? 조금 맵지만 맛있어요.

하나 : 그렇군요. 얼마인가요?

하루카 : 350엔입니다. 세트는 450엔입니다.

하나 : 아, 세트가 좋네요.

04 どんなところですか。

하루카 : 하나 씨, 서울은 어떤 곳인가요?

하나 : 높은 빌딩이나 자동차가 많습니다.
　　　하루카 씨 고향은 어딘가요?

하루카 : 저의 집은 오키나와예요.
　　　　바다가 무척 아름다워요.

하나 : 관광객이 많죠?

하루카 : 네, 관광객은 많지만 조용한 곳입니다.

하나 : 오키나와에도 대학이 있나요?

하루카 : 네. 물론이죠. 8개나 있어요.

05 気持ちよくて、最高でした。

하루카 : 이것은 홋카이도 여행 사진입니다.

하나 : 와, 경치가 아름답네요. 재밌었나요?

하루카 : 네. 호텔도 아름답고, 요리도 맛있었어요.
　　　　특히, 온천이 기분 좋고 최고였어요.

하나 : 춥지 않았나요?

하루카 : 계속 좋은 날씨에 그다지 춥지 않았어요.

하나 : 그런데, 홋카이도도 벚꽃이 많습니까?

하루카 : 네, 많습니다만 아직 이릅니다.
　　　　벚꽃은 5월에 펴요.

06 勉強より運動のほうが とくいです。

하루카 : 이쪽은 축구부의 다쿠야 군입니다.
제 친구예요.

하나 : 안녕하세요. 축구부 옷은 멋지네요.
연습은 힘들지 않습니까?

다쿠야 : 저는 공부보다 운동 쪽을 잘해요.
그래서 매일 즐겁습니다.
하나 씨는 축구와 야구 중 어느 쪽이
좋습니까?

하나 : 저는 축구 쪽이 좋습니다.

하루카 : 그렇습니까.
하나 씨의 취미는 무엇입니까?

하나 : 제 취미는 요리입니다. 엄마만큼 잘하
지는 않지만, 한국요리는 잘 합니다.

07 どこへ行きますか。

선생님 : 하나 씨, 여름방학에 한국에 돌아갑니까?

하나 : 아뇨, 돌아가지 않습니다.
친구와 여행할 생각입니다.

선생님 : 좋네요. 어디에 갑니까?

하나 : 교토입니다.

선생님 : 교토에서 무엇을 합니까?

하나 : 기온 마쓰리를 봅니다.
그리고 킨카쿠지에 갈 생각입니다.

선생님 : 무엇을 타고 갑니까?

하나 : 도쿄 역에서 교토까지 심야버스로 갑니다.

선생님 : 버스는 몇시에 출발합니까?

하나 : 밤 11시 반입니다.
아침 6시에 교토에 도착합니다.

08 今日は何をしましたか。

하루카 : 오늘은 무엇을 했습니까?

하나 : 도서관에서 시험 준비를 했습니다.
하루카 씨는 무엇을 했나요?

하루카 : 수업 후, 체육관에서 운동을 했습니다.

하나 : 좋네요. 저도 운동을 하고 싶네요.
체육관에 수영장은 있습니까?

하루카 : 물론이죠. 다음에 같이 가요.

하나 : 네. 하지만 수영복이 없어요.
고글과 수영복을 사고 싶습니다.

하루카 : 역 앞에 「알프스」라는 스포츠 용품점이
있습니다. 같이 가요.

09 プレゼントを買いに 行きます。

다쿠야 : 하나 씨, 어디 갑니까?

하나 : 아, 다쿠야 씨.
백화점에 선물을 사러 갑니다.

다쿠야 : 무슨 선물입니까?

하나 : 생일 선물입니다.
다음주는 하루카 씨 생일입니다.

다쿠야 : 이제 곧이네요. 무엇을 살 생각입니까?

하나 : 그렇군요…. 목걸이는 어떨까요?

다쿠야 : 목걸이는 별로 안 할 거라고 생각합니다.
귀걸이는 어떻습니까?

하나 : 그거 좋네요. 하루카 씨한테는 비밀이에요.

다쿠야 : 알겠습니다. 걱정하지 마세요.

⑩ 暑くなりましたね。

하나　：요즘 더워졌네요.

하루카：그렇네요. 앞으로 더 더워질거예요.

　　　　그런데, 저번 주말은 어땠나요?

하나　：토요일에 처음으로 아사쿠사에 갔습니다.

　　　　사람은 많았지만 매우 즐거웠습니다.

하루카：그렇군요. 아사쿠사에서 무엇을 했나요?

하나　：아사쿠사의 거리를 걸으며,

　　　　맛있는 것을 많이 먹었습니다.

　　　　유명한 절도 봤습니다.

하루카：센소지군요.

하나　：네, 맞아요. 그리고 축제도 봤습니다.

하루카：어떤 축제입니까?

하나　：수국 축제입니다.

　　　　무척 아름다워서 꽃이 더 좋아졌어요.

　　　　다음에 하루카 씨도 같이 가요.

⑪ 遊びに来てください。

하나　：몇시 비행기입니까?

하루카：12시 30분입니다.

　　　　30분 전이니까 슬슬 가야겠네요.

하나　：하루카 씨, 잠깐 기다려주세요.

　　　　이거 받으세요.

하루카：네? (이게) 뭐죠?

하나　：생일 선물이에요. 열어 보세요.

하루카：앗, 귀엽다! 귀걸이군요.

　　　　소중히 간직할게요.

　　　　하나 씨, 다음에 오키나와에도

　　　　놀러와 주세요.

하나　：감사합니다. 한 번 가보고 싶네요.

하루카：제가 안내할테니까 안심하세요.

　　　　진귀한 오키나와 요리도 같이 먹어요.

⑫ いっしょに見に行かない？

다쿠야：여보세요, 하루카? 나 다쿠야인데.

하루카：응, 무슨 일이야?

다쿠야：축구 경기 티켓이 있는데,

　　　　같이 보러 가지 않을래?

하루카：언제?

다쿠야：다음주 일요일이야. 시간 있어?

하루카：미안, 가고 싶지만 지금 오키나와에 있어.

다쿠야：아, 아쉽다.

하루카：하나 씨한테 물어볼래?

　　　　하나 씨도 축구 보는 걸 좋아해.

다쿠야：그렇구나. 하나 씨한테 전화해 볼게.

　　　　고마워.

하루카：그럼 다음에 봐.

新 다이어트 일본어 초급 1

초판발행	2014년 2월 28일
1판 8쇄	2023년 3월 15일

저자	강석우, 이범석, 최은희, 이시즈카 유카리(石塚ゆかり), 고쿠쇼 카즈미(國生和美)
책임 편집	조은형, 무라야마 토시오, 김성은
펴낸이	엄태상
콘텐츠 제작	김선웅, 장형진
마케팅	이승욱, 왕성석, 노원준, 조성민, 이선민
경영기획	조성근, 최성훈, 정다운, 김다미, 최수진, 오희연
물류	정종진, 윤덕현, 신승진, 구윤주

펴낸곳	시사일본어사(시사북스)
주소	서울시 종로구 자하문로 300 시사빌딩
주문 및 교재 문의	1588-1582
팩스	0502-989-9592
홈페이지	www.sisabooks.com
이메일	book_japanese@sisadream.com
등록일자	1977년 12월 24일
등록번호	제 300-2014-31호

ISBN 978-89-402-9147-4 18730
　　　978-89-402-9146-7 18730 [set]